Die Qualität des deutschen Gesundheitswesens im internationalen Vergleich

Schriften zur Gesundheitsökonomie 18

Die Qualität des deutschen Gesundheitswesens im internationalen Vergleich

Michael Lauerer

Martin Emmert

Oliver Schöffski

Lauerer, Michael
Emmert, Martin
Schöffski, Oliver

Universität Erlangen-Nürnberg
Lehrstuhl für Gesundheitsmanagement
Lange Gasse 20
90403 Nürnberg, Deutschland

Die Qualität des deutschen Gesundheitswesens im internationalen Vergleich
Schriften zur Gesundheitsökonomie 18, HERZ, Burgdorf, 2011
ISBN 978-3-936863-17-8

Herstellung: Books on Demand GmbH, Norderstedt

Inhaltsverzeichnis

Abbildungsverzeichnis

Tabellenverzeichnis

Abkürzungsverzeichnis

Abb.	Abbildung
BIP	Bruttoinlandsprodukt
DALE	disability-adjusted life expectancy
DALYs	disability-adjustes life years
DBIS	Datenbank-Infosystem
DIN	Deutsches Institut für Normung e.V.
DMFT	decayed, missing, filled teeth
ECHI	European Community Health Indicators
EMEA	European Agency for the Evaluation of Medicinical Products
EN	Europäische Norm
EuroStat	Statistisches Amt der Europäischen Union
GKV	Gesetzliche Krankenkasse
HALE	health-adjusted life expectancy
ICD	International Classification of Diseases and Related Health Problems
IOM	Institute of Medicine
IQWIG	Institut für Qualität und Wirtschaftlichkeit im Gesundheitswesen
ISO	International Organization for Standardization
MEDLINE	Medical Literature Analysis and Retrieval System Online
NHS	National Health Service
OCLC	Online Computer Library Center
OECD	Organisation for Economic Co-operation and Development
OPAC	Online Public Access Catalogue
PPRI	Pharmaceutical Pricing and Reimbursement Information
PYLL	potential years of life lost
SCP	Social and Cultural Planning Office
Tab.	Tabelle
WFO	Welternährungsorganisation
WHO	World Health Organization

ZDB	Zeitschriftendatenbank (Angebot der Staatsbibliothek zu Berlin – Preußischer Kulturbesitz)

1. Einführung

1.1 Problemstellung und Zielsetzung

„Mercedes zahlen und Volkswagen fahren.“[1] Einige Studien und Veröffentlichungen lassen vermuten, dass das deutsche Gesundheitswesen im internationalen Vergleich hohe Kosten verursacht, aber nur mittelmäßige Leistungen erbringt.[2] Andere Studien, wie die des Fritz Beske Instituts für Gesundheits-System-Forschung, zeichnen ein anderes Bild.[3] Doch wie steht es tatsächlich um die Qualität des Gesundheitssystems in Deutschland?

Das Gesundheitswesen ist ein bedeutendes Element moderner Gesellschaftssysteme.[4] Es ermöglicht einem Kollektiv, die Folgen von Krankheit und Verletzung abzumildern, ihnen entgegenzuwirken und vorzubeugen. Neben der direkten Wirkung auf die Gesundheit schafft ein Gesundheitssystem auch Sicherheit und trägt dazu bei, dass sich Menschen freier und unabhängiger um die Optimierung ihrer Lebensqualität kümmern können.[5] Die Qualität eines Gesundheitssystems hat also entscheidenden Einfluss auf eine Gesellschaft als Kollektiv und deren Mitglieder als Individuen.

Gesundheitssysteme unterliegen einem ständigen Wandel. Der Ruf nach Reformen ist in vielen Ländern zentrales Thema der Innenpolitik, unabhängig von der jeweiligen Systemarchitektur.[6] Die medizinischen Möglichkeiten verändern sich. Voranschreitende Gerätetechnologien und echte Innovationen im Bereich der Arzneimittel erweitern das Spektrum bei Diagnostik, Therapie und Vorsorge. Auch der demographische Wandel nimmt Einfluss. Älter werdende Gesellschaften nehmen Gesundheitssysteme stärker in Anspruch und stellen neue Anforderungen. Erweiterte medizinische Möglichkeiten und Überalterung stellen finanzi-

---

1 Fritz Beske Institut für Gesundheits-System-Forschung (2004a), S. 14.

2 Vgl. Fritz Beske Institut für Gesundheits-System-Forschung (2004a), S. 14; Fritz Beske Institut für Gesunheits-System-Forschung (2004b), S. 1.

3 Vgl. Fritz Beske Institut für Gesundheits-System-Forschung (2004a); Fritz Beske Institut für Gesundheits-System-Forschung (2005a); Fritz Beske Institut für Gesundheits-System-Forschung (2005b).

4 Vgl. Offermanns, G. (2007), S. 1.

5 Vgl. Sohn, S. (2006), S. 1.

6 Vgl. Rebscher, H. (2009), S. 1-2.

elle Herausforderungen dar.[7] Das beobachtbare Spektrum politischer Reaktionen auf diese Veränderungen reicht von schrittweisen Modifikationen eines Systems durch die Gesetzgebung, wie in Deutschland in den letzten Jahren, bis hin zu grundlegenden Reformierungen, wie aktuell im amerikanischen Gesundheitswesen.

Die Gesundheitssysteme westlicher Industrieländer unterscheiden sich z. T. erheblich.[8] Vom staatlichen System bis zum marktwirtschaftlichen System folgen sie verschiedenen Philosophien und Strategien, unterscheiden sich in ihren Leistungskatalogen, verursachen unterschiedlich hohe Kosten und erzielen unterschiedliche Ergebnisse.

Ziel dieser Untersuchung ist es, die Qualität des deutschen Gesundheitssystems mit der Qualität anderer Systeme zu vergleichen, um so Stärken und Schwächen zu identifizieren. Dazu soll geklärt werden, was unter Qualität im Gesundheitswesen zu verstehen ist und theoretische Grundlagen verschiedener Zugänge zu Gesundheitssystemvergleichen gelegt werden. Auf dieser Basis werden verschiedene Studien analysiert, um einen Überblick über die für Qualitätsvergleiche verwendeten Indikatoren zu geben und um schließlich die Qualität des deutschen Gesundheitswesens im internationalen Vergleich zu beurteilen.

1.2 Gang durch die Untersuchung

Die vorliegende Arbeit gliedert sich in sechs Kapitel. Nach diesem einführenden Kapitel werden im zweiten theoretische Grundlagen geschaffen. Gegenstand ist zum einen der Begriff Qualität im Allgemeinen, dessen Bedeutung im Gesundheitswesen und die Einteilung nach Donabedian. Zum anderen werden Bedeutung und Entwicklung von Gesundheitssystemvergleichen sowie theoretische Zugänge betrachtet.

---

7 Vgl. Breyer, F., Zweifel, P., Kifmann, M. (2005), S. 507-534; Rebscher, H. (2009), S. 1; Europäisches Parlament (1998), S. 5-6.

8 Vgl. Wendt, C. (2009b).

Das dritte Kapitel befasst sich mit der Identifikation von Vergleichen unterschiedlicher Gesundheitssysteme. Erst wird die Recherche beschrieben, dann die Selektion relevanter Publikationen. Anschließend wird das Resultat von Recherche und Selektion vorgestellt.

Im vierten Kapitel werden die ausgewählten Publikationen und deren Ergebnisse beschrieben. Außerdem werden die Indikatoren, die in den Studien für die Beurteilung der Qualität von Gesundheitssystemen bzw. für einen Systemvergleich Verwendung finden, kategorisiert.

Gegenstand des fünften Kapitels ist die zusammenfassende Beurteilung des deutschen Gesundheitswesens bzw. dessen Qualität im internationalen Vergleich. Dazu werden die Ergebnisse der Studien aus dem vierten Kapitel analysiert und Stärken und Schwächen des deutschen Gesundheitssystems herausgearbeitet.

Die Schlussbetrachtung im letzten Kapitel liefert einen zusammenfassenden Überblick über die Ergebnisse dieser Arbeit. Abschließend wird ein Ausblick auf offene Fragen und mögliche Entwicklungen gegeben.

2. Theoretische Grundlagen

Für einen Vergleich der Qualität des deutschen Gesundheitswesens mit anderen Systemen muss zunächst eine theoretische Basis geschaffen werden. Kapitel 2.1 beschäftigt sich mit der Qualität im Gesundheitswesen. Grundlagen von Gesundheitssystemvergleichen sind Gegenstand des Kapitels 2.2.

2.1 Qualität von Gesundheitssystemen

Ausgehend von der generellen Verwendung des Begriffs und von allgemeinen Definitionen in Kapitel 2.1.1 wird in Kapitel 2.1.2 geklärt, was unter Qualität im Gesundheitswesen zu verstehen ist. Auch die Einteilung der Qualität nach Donabedian wird vorgestellt (siehe Kapitel 2.1.3).

2.1.1 Der Qualitätsbegriff

Um die Qualität des deutschen Gesundheitswesens im internationalen Vergleich beurteilen zu können, ist es notwendig, den Begriff Qualität und dessen Verwendung im Gesundheitswesen zu definieren. Abgeleitet aus dem lateinischen „qualitas" für „Beschaffenheit, Verhältnis, Eigenschaft" bzw. „qualis", also „wie beschaffen"[9], beschränkt sich die ursprüngliche Bedeutung auf die wertfreie Erfassung von Eigenschaften. Ein Beispiel dafür ist die Beschreibung von Tuchen bzw. Stoffen. Man spricht hier von reiner, grober oder schwerer Qualität.[10] Diese Begriffsbestimmung, die der Qualität ohne ein beistehendes Adjektiv rein deskriptiven Charakter verleiht, spielt für die Beurteilung von Gesundheitssystemen keine Rolle. Vielmehr interessiert der Begriff Qualität im Sinne der Eignung zur Erfüllung einer Aufgabe bzw. eines Ziels. In dieser Interpretation beschreibt Qualität die Güte oder sogar den Wert eines Objekts. Auch der Duden führt neben der Bedeutung als „charakteristische Eigenschaft, Beschaffenheit einer Sache", die Begriffe „Güte, Wert" sowie „gute Eigenschaft"[11] als Synonyme für Qualität an. Einen ersten Zugang zu dieser Begriffsdeutung liefert die Normenreihe DIN EN ISO 9000. In der aktuellen Fassung vom Dezember 2005 definiert die internatio-

[9] Duden (2007), S. 1131.
[10] Vgl. Viethen, G. (1995), S. 10.
[11] Duden (2007), S. 1131.

nale Norm „Qualitätsmanagementsysteme - Grundlagen und Begriffe" Qualität als „Grad, in dem ein Satz inhärenter Merkmale [..] Anforderungen [..] erfüllt."[12] Die Vorgängernorm DIN EN ISO 8402:1995-08 liefert eine anschaulichere Definition. Sie beschreibt Qualität als die „Gesamtheit von Merkmalen (und Merkmalswerten) einer Einheit [..] bezüglich ihrer Eignung, festgelegte und vorausgesetzte Erfordernisse zu erfüllen."[13] Auch was unter Einheit zu verstehen ist, wird in der Norm erläutert: „In dieser internationalen Norm schließt der Begriff Einheit [..] den Begriff Produkt [..] ein, hat aber einen größeren Umfang, um z. B. Tätigkeit, Prozess [..], Organisation [..] oder Person abzudecken."[14] Nach diesen Definitionen beschreibt schon die Verwendung des Begriffs Qualität alleine eine Einheit näher. „Aus diesem Blickwinkel betrachtet ist der Qualität als solches bereits der Attributionscharakter inhärent, ein zusätzliches Adjektiv bewirkt lediglich eine Modulation des abgegrenzten Oberbegriffs."[15] Im alltäglichen Sprachgebrauch sind solche Adjektive allerdings üblich. Hohe bzw. gute Qualität und niedrige bzw. schlechte Qualität sind dabei entgegengesetzte Pole oder zumindest Tendenzen auf einer Skala.

2.1.2 Definition der Qualität im Gesundheitswesen

Auf den ersten Blick scheinen diese Definitionen für den Begriff Qualität auch im Gesundheitswesen zuzutreffen. Dort sind medizinische, administrative, Verwaltungs-, Dokumentations- und Finanztransaktionsprozesse im Gange; Organisationen wie Kliniken, Praxen, Apotheken und Krankenversicherungen treten als Player im Gesundheitssystem auf. Dass auch ein Produkt im Sinne eines transzendentalen Gutes produziert wird, wird im Verlauf dieses Kapitels noch erläutert. Nach den oben genannten Begriffsbestimmungen spricht man also von Qualität, wenn mit einem (Gesundheits-) System Merkmale eng verbunden sind, die es ermöglichen, bestimmten Ansprüchen zu genügen. Will man Qualität beurteilen – im Gesundheitswesen wie anderswo –, stellt sich erst einmal die Frage nach den Anforderungen. Existiert ein Markt, orientieren sich Produkte an den Kundenwünschen. Die Qualität kann anhand marktrelevanter Kriterien beurteilt werden.

[12] Deutsches Institut für Normung e.V. (2005), S. 18.
[13] Deutsches Institut für Normung e.V. (1995), S. 9.
[14] Deutsches Institut für Normung e.V. (1995), S. 4.
[15] Viethen, G. (1995), S. 10.

Dazu können marktorientierte Standards als Anforderungen an ein Produkt oder eine Dienstleistung gestellt werden. Durch den Abgleich von Standards und tatsächlichen Eigenschaften wird dann auf das Qualitätsniveau geschlossen.[16]

In Gesundheitssystemen reicht diese Sichtweise nicht aus. In vielen Bereichen existiert kein Markt. Dies gilt auch für das deutsche Gesundheitswesen, dessen Qualität ja im Fokus dieser Arbeit liegt. Die Gesamtheit der Leistungen im medizinischen Bereich, die von der Grundlagenforschung bis hin zur flächendeckenden Basisversorgung reicht, ist ein unteilbares und öffentliches Gut mit großer externer Nützlichkeit. Für Güter dieser Art ist das System des Marktes in Reinform ineffizient. Gleiches gilt für die Abwehr kollektiv-externer Gefahren, wie Epidemien oder die Verschlechterung des Gesundheitszustandes einer bestimmten Bevölkerungsgruppe.[17] Ein zweiter Grund für das Marktversagen ist die Informationsasymmetrie zwischen den Akteuren im Gesundheitswesen, besonders zwischen Kostenträgern, Leistungserbringern und Patienten.[18] Das Versagen rein marktwirtschaftlicher Strukturen macht staatliche Regulationen im Gesundheitswesen notwendig. Diese sind in den verschiedenen Systemen, mehr oder weniger ausgeprägt, auch zu finden. Ein weiteres Argument gegen die Anwendung der Definition von Qualität „für Güter auf einem Markt" auf Gesundheitssysteme ist der transzendentale Charakter der Gesundheit. Das Gut Gesundheit unterscheidet sich von anderen Gütern maßgeblich durch seinen Ermöglichungscharakter: „Ihr Besitz muss vorausgesetzt werden, damit die Individuen ihre Lebensprojekte überhaupt mit einer Aussicht auf Minimalerfolg angehen, verfolgen und ausbauen können."[19]

Das Gesundheitswesen eines Landes ist ein komplexes System, in dem verschiedene Player unterschiedliche Interessen verfolgen. Die Definition von Qualität wird stets davon abhängen, welche Personengruppe sie stellt. Schulz und Johnson verdeutlichen dies am Beispiel der Qualität von Krankenhausleistungen. „A patient might identify quality when treated with empathy, respect and concern. A physician might define it as "delivering the most advanced knowledge and skills

16 Vgl. Viethen, G. (1995), S. 12.
17 Kersting, W. (2000), S. 475-476.
18 Vgl. Medvedeva, S. (2007), S. 50-56.
19 Kersting, W. (2000), S. 477.

of medical science to serve the patient." A hospital trustee might say "having the best people and facilities to deliver service." A hospital administrator would probably agree with the trustee, but also add that "the professionals who provide the service continually evaluate their efforts and provide education for continuing improvements." To those who fund hospital services, quality will also have a dimension of efficiency."[20] Der eigentliche Zweck eines Gesundheitssystems muss bei der Qualitätsbeurteilung im Fokus bleiben. Dabei sind die Patienten von herausragender Bedeutung. Die Versicherten und Patienten sind es, die sowohl aus ökonomischer und – noch wichtiger – aus definitorischer Sicht für ein Gesundheitswesen die entscheidende Rolle spielen.[21] Ohne die Patientensicht scheint eine Qualitätsbeurteilung sogar zwecklos. Es ist zu berücksichtigen, dass der Begriff „Gesundheit" stets einer subjektiven Wertung unterliegt und die Vorgaben der Patienten ungenauer sind als Kundenwünsche in anderen Bereichen.[22]

In der Literatur sind zahlreiche Definitionen zu finden. Viethen spezifiziert die Definition der Qualität aus Sicht der Medizin, indem er die Anforderungen mit Bedürfnissen bzw. dem Blickwinkel der Patienten verknüpft und den aktuellen Stand medizinischer Kenntnisse einbezieht. Er orientiert sich dabei an der Begriffsbestimmung nach Norm (DIN EN ISO 8402:1995-08): „Qualität medizinischer Versorgung ist die Gesamtheit der Merkmale eines Prozesses oder eines Objekts hinsichtlich der Eignung, vorgegebene Erfordernisse im Sinne des Patienten und unter Berücksichtigung des aktuellen Kenntnisstandes der Medizin zu erfüllen."[23]

Das Institute of Medicine (IOM) gibt einen Überblick über 100 Definitionen von Qualität in der Gesundheitsversorgung. Dafür wurden 50 Aussagen darüber, was unter Qualität zu verstehen ist, und 50 Sets von Parametern recherchiert. Diese Parameter sind als Bestandteile zu sehen, die eine Definition beinhaltet.[24] Eine erste Analyse identifizierte 24 Dimensionen, mit deren Hilfe die Elemente der 100 Definitionen klassifiziert werden können. Diese wurden in einer zweiten Analyse

20 Schulz, R., Johnson, A. C. (2003), S. 245.
21 Vgl. Sohn, S. (2006), S. 4.
22 Vgl. Viethen, G. (1995), S. 12.
23 Viethen, G. (1995), S. 11.
24 Auszüge von 52 dieser 100 Sets bzw. Definitionen mit Quellenangaben bei Institute of Medicine (1990), S. 130-139.

auf 18 Dimensionen reduziert.[25] In Tabelle 1 sind die Dimensionen und deren Häufigkeit in den 100 Begriffsbestimmungen dargestellt.

Dimensions	Frequency of Occurrence
Scale of quality	22
Nature of entity being evaluated	21
Type of recipient identified	24
Goal-oriented	15
Risk versus benifit tradeoffs	10
Aspect of outcomes specified	12
Role and responsibility of recipient asserted	16
Constrained by technology and state of scientific knowledge	16
Technical competency of providers	34
Interpersonal skills if practitioners	30
Accessibility	30
Acceptability	27
Constrained by resources	21
Standards of care	13
Constrained by consumer and patient circumstances	13
Documentation required	8
Continuity, management, coordination	6
Statements about use	3

Tabelle 1: IOM: Dimensionen der Qualität und Häufigkeit in 100 Definitionen[26]

Die letzten 10 Dimensionen in Tabelle 1 sind nach der Häufigkeit ihrer Verwendung in den 100 Definitionen gelistet. Die ersten acht Dimensionen werden in dieser Reihenfolge für die Definition von Qualität im Gesundheitswesen verwendet, die das IOM erarbeitete.[27] „As defined by the IOM study committee, quality

[25] Vgl. Institute of Medicine (1990), S. 116-117.
[26] Quelle: Institute of Medicine (1990), S. 117.
[27] Für Erläuterungen zu den 18 Dimensionen und zur Verwendung der ersten acht in der eigenen Definition vgl. Institute of Medicine (1990), S. 118-129.

of care is the degree to which health services for individuals and populations increase the likelihood of desired health outcomes and are consistent with current professional knowledge."[28] Nach der Definition des IOM ist der Grad, in dem die Versorgung die Wahrscheinlichkeit für ein gewünschtes medizinisches Ergebnis steigert, für die Qualität und die Konsistenz der Versorgung mit dem aktuellen Wissensstand der Medizin entscheidend. Da eine Qualitätssteigerung schon erreicht wird, wenn die Chancen für ein besseres Ergebnis (nach dem Maßstab des Gewünschten) gesteigert werden, ist diese Definition weniger ergebnisorientiert und berücksichtigt auch die Voraussetzungen der Versorgung. Das erscheint sinnvoll, bedenkt man, dass das medizinische Ergebnis nicht nur von der Qualität des Gesundheitssystems bzw. der Versorgung abhängt.[29] Diese Begriffsbestimmung betont die herausragende Stellung der Patienten unter den Playern im Gesundheitswesen. Die medizinische Versorgung der Patienten ist der ureigenste Zweck eines Gesundheitssystems.

Ergänzend wird in Anhang 1 die unterschiedliche Einordnung des Qualitätsbegriffs im Gesundheitswesen am Beispiel von Arbeitspapieren der World Health Organization (WHO), Organisation for Economic Co-operation and Development (OECD) und des Commonwealth Fund diskutiert.

2.1.3 Einteilung nach Donabedian

Bereits in den Sechzigern des letzten Jahrhunderts beschäftigte sich Donabedian mit Methoden zur Evaluation der Qualität medizinischer Versorgung.[30] Auf ihn geht die Einteilung in drei Dimensionen zurück, die bis heute international etabliert und weit verbreitet ist:[31] Struktur-, Prozess- und Ergebnisqualität.[32]

Gegenstand der ersten Dimension sind die strukturellen Bedingungen. „With „structure" i mean the relatively stable characteristics of the providers of care, of the tools and resources they have at their disposal, and of the physical and organizational settings in which they work."[33] Die Struktur beinhaltet die menschlichen,

---

28 Institute of Medicine (1990), S. 128-129.
29 Vgl. Emmert, M. (2008), S. 14.
30 Vgl. Donabedian, A. (1966).
31 Vgl. Roeder, N., Hensen, P. (2008), S. 58.
32 Vgl. Donabedian. A. (1980), S. 79-128.
33 Donabedian, A. (1980), S. 81.

physischen und finanziellen Ressourcen für die Gesundheitsversorgung und umfasst damit Zahl, Verteilung und Qualifikation des medizinischen Personals sowie Anzahl, Größe, Ausstattung und geografische Verteilung medizinischer Einrichtungen und ferner die Art der Organisation von Finanzierung und Durchführung der Versorgung.[34] Neben den Fähigkeiten der Institutionen und Mitarbeiter, der technischen Ausstattung und den physischen und organisatorischen Arbeitsbedingungen umfasst die Strukturqualität auch die Zugangs- und Nutzungsmöglichkeiten für Patienten bzw. Versicherte.[35] Sie aggregiert die personellen, baulich-räumlichen, apparativ-technischen und finanziellen Voraussetzungen der Versorgung. Im betriebswirtschaftlichen Sinn beschäftigt sich die Strukturqualität also mit den Produktionsfaktoren bzw. Inputvariablen.[36] „Die zur Verfügung stehende Struktur bestimmt damit das Potential, in dem sie die Wahrscheinlichkeit eines guten Ergebnisses erhöht oder vermindert.“[37]

Die Prozessqualität beschäftigt sich mit der Ablaufkette aus Teilprozessen der Versorgung und erfasst so die Durchführung aller therapeutischen, diagnostischen, und pflegerischen Maßnahmen.[38] „Neben Kernprozessen wie der Behandlungsaufenthalt eines Kranken oder Ratsuchenden spielen hier vor allem Teilprozesse, wie z. B. Anamnese- und Untersuchungstechniken, Diagnosestellung u. Ä. eine Rolle.“[39] „The primary object of study is a set of activities that go on within and between practitioners and patients. This set of activities I have called the „process“ of care.“[40] Die Basis zur Bewertung von Qualität ist die Information über die Beziehung zwischen den Eigenschaften der Versorgung und deren Auswirkung auf den einzelnen Patienten und die Gesellschaft. Dabei müssen der Stand des medizinischen Wissens und der Technologie beachtet werden. Diese bestimmen die technische Norm guter Versorgung. Daneben existieren weitere Normen, die die interpersonellen Prozesse steuern. Sie entstehen durch Werte, ethische Prinzipien sowie Regeln, die die Beziehung zwischen den Fachkräften

---

34 Vgl. Donabedian, A. (1980), S. 81.
35 Vgl. Zollondz, H.-D. (2006), S. 161-162.
36 Vgl. Roeder, N., Hensen, P. (2008), S. 59.
37 Schmutte, A. M. (1998), S. 93, vgl. auch Donabedian, A. (1980), S. 82.
38 Vgl. Roeder, N., Hensen, P. (2008), S. 59.
39 Roeder, N., Hensen, P. (2008), S. 59.
40 Donabedian, A. (1980), S. 79.

der Gesundheitsversorgung und den Patienten bzw. Versicheren beeinflussen.[41] „It follows, therefore, that the quality of the „process“ of care is defined, in the first place, as normative behavior.”[42]

Bei der Ergebnisqualität liegt der Fokus der Betrachtung auf den erzielten Resultaten durch die Transformierung bzw. Verarbeitung von Produktionsfaktoren.[43] In der Gesundheitsversorgung ist damit die erzielte Veränderung des Gesundheitszustandes gemeint, die auf die Versorgung zurückzuführen ist.[44] „I shall use „outcome“ to mean a change in a patient´s current and future health status that can be attributed to antecedent health care.“[45] Betrachtet man Gesundheit im weiteren Sinne, werden neben physischen und physiologischen auch soziale und psychologische Aspekte, die Gesinnung von Patienten (z. B. Zufriedenheit), vom Patienten erlangtes gesundheitsbezogenes Wissen und gesundheitsbezogene Verhaltensänderungen berücksichtigt.[46]

Nach Donabedian ist die Betrachtung der Prozesse eine direkte Methode, um Qualität zu bewerten. Ergebnis und besonders die Struktur lassen dagegen nur indirekt auf die Qualität schließen.[47] Dennoch besteht zwischen diesen drei Elementen ein grundlegender Zusammenhang, der in Abbildung 1 aufgegriffen wird.[48]

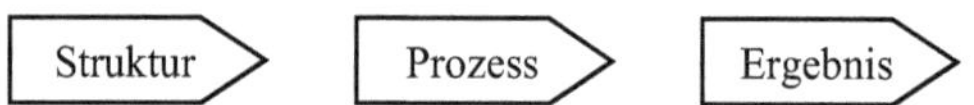

Abbildung 1: Beziehungskette: Struktur, Prozess und Ergebnis nach Donabedian[49]

Strukturelle Eigenschaften beeinflussen den Prozess und damit dessen Qualität. Dementsprechend hat der Prozess bzw. die Prozessqualität Einfluss auf das Ergebnis.[50]

41 Vgl. Donabedian, A. (1980), S. 79-80.
42 Donabedian, A. (1980), S. 80.
43 Vgl. Roeder, N., Hensen, P. (2008), S. 59.
44 Vgl. Zollondz, H.-D. (2006), S. 161-162.
45 Donabedian, A. (1980), S. 82-83.
46 Vgl. Donabedian, A. (1980), S. 83.
47 Vgl. Donabedian, A. (1980), S. 79-85, insbesondere S. 83.
48 Vgl. Donabedian, A. (1980), S. 83-84.
49 Quelle: Eigene Darstellung in Anlehnung an Donabedian, A. (1980), S. 83.

2.2 Gesundheitssystemvergleiche

Dieser Abschnitt erläutert in Kapitel 2.2.1, welchen wissenschaftlichen Beitrag Gesundheitssystemvergleiche leisten können und beschreibt deren Entwicklung in den letzten 35 Jahren. Kapitel 2.2.2 stellt verschiedene theoretische Zugänge vor.

2.2.1 Zweck und Entwicklung

Die verschiedenen Gesundheitssysteme wurden in ihrer Entwicklung durch spezifische historische, kulturelle, sozioökonomische und politische Faktoren beeinflusst. Daraus resultieren deutliche Unterschiede in den Organisationsformen und in der Finanzierung. Auch Humanressourcen, Gesundheit bzw. Gesundheitsversorgung werden unterschiedlich definiert und dadurch unterschiedliche Ergebnisse erzielt.[51] „Jedes System hat seine eigenen Stärken und Schwächen, und keines der Systeme bietet eine umfassend erfolgreiche Lösung."[52] Internationale Vergleiche unterstützen einen gegenseitigen Lernprozess und tragen dazu bei, die Gesundheit aller Bürger der Vergleichsstaaten zu verbessern.[53]

Seit Mitte der Siebziger des vergangenen Jahrhunderts gibt es zunehmend Studien, die sich mit Gesundheitssystemen beschäftigen.[54] Das hat zwei Gründe. Zum einen haben sich die Rahmenbedingungen geändert: Die Ölkrise hat in den Siebzigern zu dieser Entwicklung beigetragen. „War bis zu diesem Zeitpunkt eine Ausweitung der Gesundheitsversorgung politisch gewollt, nahezu unabhängig von den damit verbundenen Kosten, nahm von nun an der Vergleich mit anderen Ländern zu, auch um Lösungsvorschläge für eine effektivere und effizientere Gesundheitsversorgung im eigenen Land anzubieten."[55] Auch der demografische Wandel und die Weiterentwicklung medizinischer Möglichkeiten dürften Kostendämpfungsmaßnahmen ins Zentrum des Interesses gerückt haben.[56] Der Kostendruck veranlasste, über den eigenen Tellerrand zu blicken, das eigene Gesundheitssystem an anderen Systemen zu messen und Lösungsstrategien anderer Staaten zu

50 Vgl. Donabedian, A. (1980), S. 84.
51 Vgl. Europäisches Parlament (1998), S. 5-6.
52 Europäisches Parlament (1998), S. 6.
53 Vgl. Europäisches Parlament (1998), S. 6.
54 Vgl. Wendt, C. (2005), S. 1.
55 Wendt, C. (2005), S. 1.
56 Vgl. Breyer, F., Zweifel, P., Kifmann, M. (2005), S. 507-534; Rebscher, H. (2009), S. 1.

analysieren.[57] Zum anderen haben sich Voraussetzungen für die wissenschaftliche Auseinandersetzung mit internationalen Systemvergleichen verbessert. So erstellte beispielsweise die OECD im Jahr 1985 einen Gesundheitsdatensatz,[58] der bis heute ergänzt und überarbeitet wird und so für vergleichende Analysen zur Verfügung steht.[59] „Heute liegen in diesem Bereich umfangreiche Datenzeitreihen vor."[60] Analysen zu systemspezifischen Unterschieden, zur Steuerungsproblematik und zur Interessen- und Machtverteilung in Gesundheitssystemen wurden Ende der Achzigerjahre verstärkt betrieben, aber erst ein Jahrzehnt später wieder aufgegriffen.[61]

2.2.2 Theoretischer Zugang

Es stellt sich die Frage, womit sich diese Gesundheitssystemvergleiche im Einzelnen beschäftigen bzw. was verglichen wird. Wendt stellt fest, dass die Vergleichskriterien vom jeweiligen theoretischen Zugang abhängen und dieser wiederum von der Fragestellung.[62] Er unterscheidet vier unterschiedliche theoretische Zugänge zum Gesundheitssystemvergleich:

- Systemtheorie,
- Theorie der staatlichen Regulierung,
- Institutionentheorie und
- Gesundheitsökonomik.[63]

In den Kapiteln 2.2.2.1 bis 2.2.2.4 werden die theoretischen Zugänge sowie einige ihrer Thesen vorgestellt. Die Einordnung von Gesundheitssystemvergleichen und die Integration verschiedener theoretischer Zugänge ist Thema in Kapitel 2.2.2.5.

---

57 Vgl. Jaeckel, R. (2009), S. 44.

58 OECD Health Data bzw. OECD Gesundheitsdaten. Hintergrundinformationen abrufbar unter http://www.oecd.org/document/52/0,3343,de_34968570_34968855_38974068_1_1_1_1,00.html [Stand: 29.01.2011].

59 Vgl. Wendt, C. (2005), S. 1-2.

60 Jaeckel, R. (2009), S. 44.

61 Vgl. Wendt, C. (2005), S. 2.

62 Vgl. Wendt, C. (2005), S. 1.

63 Vgl. Wendt, C. (2005).

2.2.2.1 Systemtheorie

Die Systemtheorie betrachtet das Gesundheitswesen als ein hochspezialisiertes bzw. funktional ausdifferenziertes, relativ autonomes Sozialsystem.[64] „Sozialsysteme konzentrieren sich auf ihre Funktionserfüllung und versuchen, diese permanent zu optimieren."[65] Luhmann bezeichnet dies als Hypostasierung der eigenen Funktion.[66] Für Bauch sind Sozialsysteme nach der Systemtheorie „in höchstem Maße umweltignorant und weisen alle deterministischen Steuerungsversuche von außen ab."[67] Einzig mit der Budgetierung bzw. Deckelung von Ausgaben seien direkte und deterministische Interventionen der Politik überhaupt möglich. Allerdings führten diese Steuerungsversuche oft zu nicht intendierten Effekten durch Umgehungsstrategien und meist wären Versuche, die Steuerungsintensionen systemintern zu unterlaufen, erfolgreich.[68] Andere Autoren sehen die Steuerbarkeit von Gesundheitssystemen von außen zwar nicht derart beschränkt, die Betonung der „Selbststeuerungskapazität"[69] gegenüber dem „politischen Interventionismus"[70] ist aber gleich. Badura und Feuerstein sprechen unspezifischen Steuerungsversuchen, wie z. B. allgemeine Kostendeckelungen, nur „marginalen Einfluss auf die interne Entwicklungsdynamik und Systembildungsprozesse"[71] zu. Interventionen haben nur so viel Relevanz, „wie sie die Reproduktion der [..] vorherrschenden Strukturen, Operationen und Imperative in Frage stellen."[72] Aus Sicht der Systemtheorie haben „globalsteuernde politische Interventionen mehr negative als positive Steuerungseffekte im Gesundheitssystem."[73] Folge dieser Sichtweise ist die Ablehnung interventionistischer Steuerungspolitik von außerhalb und die Suche nach einer Selbststeuerung, die gesellschaftliche und ökonomische Effekte stärker beachtet.[74] Nach Willke bedeutet „Kontextsteuerung [..], dass selbst bei schädlichen Folgen [...] der Systemoperationen für die Systemumwelt die Akteure in dieser Umwelt nicht direkt und direktiv auf das System

64 Vgl. Bauch, J. (1996), S. 242-243.
65 Bauch, J. (1996), S. 243.
66 Vgl. Luhmann, N. (1983), S. 29-30.
67 Bauch, J. (1996), S. 244.
68 Vgl. Bauch, J. (1996), S. 244-245.
69 Bauch, J. (1996), S. 243.
70 Bauch, J. (1996), S. 243.
71 Badura, B., Feuerstein, G. (1994), S. 13.
72 Badura, B., Feuerstein, G. (1994), S. 13
73 Bauch, J. (1996), S. 246.
74 Vgl. Bauch, J. (1996), S. 246.

zugreifen sollen [...]. Möglich ist aber, dass Akteure und Systeme in der Umwelt eines Systems Kontextbedingungen so setzen, dass das betreffende (fokale) System seine Optionen nach dem Gesichtspunkt höchstmöglicher Umweltverträglichkeit und Kompatibilität auswählt."[75]

Allerdings gibt es nur sehr wenige Gesundheitssystemvergleiche aus der Perspektive der Systemtheorie, da die Annahme, dass sich alle Gesundheitssysteme moderner Gesellschaften externer Steuerung entziehen, das Erkenntnispotential von Systemvergleichen einschränkt.[76] „Die Analyse eines einzelnen Gesundheitssystems reicht aus dieser Perspektive aus, um auf dieser Grundlage auf entsprechende Entwicklungen in anderen Gesundheitssystemen schließen zu können."[77] Außerdem mangelt es an empirischen Belegen für systemtheoretische Thesen, die sich mit Vergleichen von Gesundheitssystemen befassen.[78]

2.2.2.2 Theorie der staatlichen Regulierung

Die Theorie der staatlichen Regulierung schließt die Steuerbarkeit von außen im Gegensatz zur Systemtheorie nicht aus. Es geht vielmehr um das Verhältnis von staatlicher Steuerung und Selbstorganisation.[79] Die Verlagerung von Steuerungsaufgaben auf nichtstaatliche Ebenen verknüpft Steuerungsobjekte und Steuerungssubjekte innerhalb der Teilsysteme, fördert so Abstimmung und Rückkopplung und ersetzt die einseitige Einflussnahme staatlicher Interventionen durch Interaktionsprozesse eigenverantwortlicher Akteure.[80] Zwei Begriffe spielen bei der Suche nach einem geeigneten Ansatz eine wichtige Rolle: Der akteurzentrierte Institutionalismus „betrachtet Institutionen sowohl als abhängige wie als unabhängige Variablen, und er schreibt ihnen keine determinierende Wirkung zu. Institutionelle Faktoren bilden vielmehr einen – stimulierenden, ermöglichenden oder auch restringierenden – Handlungskontext"[81] für die Akteur eines Systems. Governance ist ein „konzeptionelles Instrumentarium, das die Variationsbreite empirisch möglicher Konstellationen von Steuerung und Selbstorganisation be-

75 Willke, H. (2001), S. 132.
76 Vgl. Wendt, C. (2005), S. 12-13.
77 Wendt, C. (2005), S. 13.
78 Vgl. Wendt, C. (2005), S. 13-15.
79 Vgl. Wendt, C. (2005), S. 16.
80 Vgl. Wendt, C. (2005), S. 16.
81 Mayntz, R., Scharpf, F. W. (1995a), S. 43.

schreiben kann."[82] Die Typologie, die diese Variationsbreite abbilden soll, beinhaltete ursprünglich die Gegenüberstellung von Hierarchie und Markt und wurde schrittweise, z. B. um Netzwerk, Solidarität und Assoziation, erweitert.[83] Für die Beschreibung eines Systems reicht eine Governance-Form alleine nicht aus.[84]

Speziell für Gesundheitssysteme sind drei Regulierungsformen auszumachen: Hierarchie, Verhandlung und Wettbewerb. Regulierungsträger sind dabei der Staat, die Selbstverwaltung und der Markt. Daraus lässt sich eine Neun-Felder-Matrix konstruieren.[85] Diese ist in Tabelle 2 abgebildet.

	Regulierungsträger		
Regulierungsinstrumente	Staat	Selbstverwaltung	Markt
Hierarchie	Nationales Gesundheitssystem		
Verhandlung		Gesetzliche Krankenversicherung	
Wettbewerb			Privates Gesundheitssystem

Tabelle 2: Regulierungsträger und Regulierungsinstrumente nach Wendt[86]

Regulierungsträger eines nationalen Gesundheitssystems – im Sinne eines staatlichen Gesundheitswesens wie dem britischen National Health Service (NHS) – ist der Staat selbst, der sich der Hierarchie als Regulierungsinstrument bedient. Gesetzliche Krankenversicherungssysteme lassen sich dagegen der Selbstverwaltung und Verhandlung zuordnen, und private Gesundheitssysteme bilden eine Kombination aus Markt und Wettbewerb. Allerdings bedienen sich die verschiedenen Systemtypen zunehmend Instrumente anderer Systeme und nähern sich ge-

82 Mayntz, R., Scharpf, F. W. (1995b), S. 16.
83 Mayntz, R., Scharpf, F. W. (1995a), S. 60.
84 Vgl. Mayntz, R., Scharpf, F. W. (1995a), S. 62.
85 Vgl. Wendt, C. (2005), S.17.
86 Quelle: Eigene Darstellung in Anlehnung an Wendt, C. (2005), S. 17.

genseitig an. So werden beispielsweise im britischen NHS Verhandlungs- und Wettbewerbselemente implementiert.[87]

Dennoch lassen sich Gesundheitssysteme trennscharf voneinander abgrenzen. Gesundheitssystemvergleiche können zeigen, unter welchen Bedingungen politische Interventionen greifen oder am Veto organisierter Interessensgruppen innerhalb der Systeme scheitern, unter welchen Rahmenbedingungen welche Governance-Formen vorherrschen, zusammenwirken bzw. aufeinander wirken, sich verändern und verändert werden können. Zentrale Ausgangspunkte für solche Gesundheitssystemvergleiche sind zumeist Thesen bezüglich der Selbstregelungskompetenz und der Vetoposition.[88]

2.2.2.3 Institutionentheorie

Die Institutionentheorie bzw. Theorien über die Vermittlung von Interessen und Ideen durch Institutionen gehen maßgeblich auf Max Weber zurück.[89] „Institutionen formen Interessen und bieten Verfahrensweisen für ihre Durchsetzung, Institutionen geben Ideen Geltung in bestimmten Handlungskontexten.“[90] Demnach orientieren Individuen sich bzw. ihr Handeln an Institutionen. Unterschiedlich institutionalisierte Gesundheitssysteme werden verschiedenartig wahrgenommen und bewertet, führen zu unterschiedlichem Gesundheitsverhalten der Bevölkerung und zu einer systemspezifischen Inanspruchnahme von Leistungen.[91]

Die Verhaltensprägung ist nicht nur in der positiven Wirkung, die Individuen mit einer Institution verbinden, begründet. Neben dieser Ergebnisorientierung spielt auch der Grad der Akzeptanz von Wertvorstellungen, auf die sich eine Institution stützt, eine Rolle. Folglich hängt auch der Institutionalisierungsgrad von Gesundheitssystemen von Wertvorstellungen ab. Wendt verweist zwar auf weitere, zum Teil konkurrierende Leitideen, nennt aber drei wichtige Wertvorstellung konkret:[92]

---

87 Vgl. Wendt, C. (2005), S. 17; zur Annäherung der Regulierungen in verschiedenen Gesundheitssystemen vgl. Wendt, C., Grimmeisen, S., Helmert, U., Rothgang, H. u. a. (2004).
88 Vgl. Wendt, C. (2005), S. 18-22.
89 Vgl. Lepsius, M. R. (2009), S. 7.
90 Lepsius, M. R. (2009), S. 7.
91 Vgl. Wendt, C. (2005), S. 22.
92 Vgl. Wendt, C. (2005), S. 23.

- Gesundheit bzw. Gesundheitsleistungen als Güter mit besonderem Charakter,[93] die nicht den finanziellen Möglichkeiten oder Handlungskompetenzen Einzelner überlassen werden dürfen bzw. die Notwendigen medizinische Leistungen jedem zur Verfügung zu stellen,
- sozioökonomische Sicherheit in gesundheitsbezogenen Krisensituationen und
- sozioökonomische Gleichheit beim Zugang zu notwendigen Leistungen.[94]

Allerdings richtet sich soziales Handeln nicht direkt nach diesen Wertvorstellungen, sondern nach den konkreteren „Rationalitätskriterien“[95].[96] In verschiedenen Gesundheitssystemen sind folgende Rationalitätsprinzipien jeweils in unterschiedlichem Maße bedeutungsvoll:

- Fürsorge,
- (Sozial-)Versicherung und
- Versorgung.[97]

Gesundheitssysteme nach dem Fürsorgeprinzip stellen Bedürftigen, die zur eigenständigen Absicherung nicht in der Lage sind, die notwendigen Gesundheitsleistungen. Dieses Prinzip findet sich heute meist in marktwirtschaftlich orientierten Gesundheitssystemen bzw. Systemen mit hohem Anteil an Selbst- und Zuzahlungen und ist in den entwickelten Industrieländern, mit Ausnahme des (bisherigen) Systems der USA[98], weniger von Bedeutung. Das (Sozial-)Versicherungsprinzip hingegen gewährt Leistungsansprüche gegen Versicherungsbeiträge. Personen, die zur privaten Absicherung nicht in der Lage sind, sind als Pflichtmitglieder integriert. Sowohl Leistungshöhe als auch erfasster Personenkreis sind deutlich weniger knapp bemessen. Das Versorgungssystem in nationalen Gesundheitssystemen integriert alle Staatsbürger oder sogar die gesamte Wohnbevölkerung. Natio-

93 Vgl. Schulenburg, J.-M. Graf v. d. (1990), S. 315.
94 Vgl. Wendt, C. (2005) S. 23.
95 Lepsius, M. R. (2009), S. 41.
96 Vgl. Wendt, C. (2005), S. 22.
97 Vgl. Wendt, C. (2005), S. 23; Wendt, C. (2009a), S. 51-60.
98 Neben dem privaten Versicherungsmarkt und Medicare gibt es in den Vereinigten Staaten mit dem Medicaid-Programm und der Notfallversorgung im Krankenhaus für Nichtversicherte ein Fürsorgesystem. Vgl. hierzu Wendt, C. (2005), S. 24; Wendt, C. (2009a), S. 56.

nale Gesundheitssysteme sind steuerfinanziert. Diese Prinzipien bzw. Systeme berücksichtigen die oben genannten Wertvorstellungen (Charakter der Gesundheit als besonderes Gut, sozioökonomische Sicherheit und sozioökonomische Gleichheit) in jeweils unterschiedlichem Maße.[99]

Die Institutionentheorie liefert mit der Analyse von Deckungsgrad, Zugangschancen und Leistungsniveau sowie mit der Untersuchung von Zusammenhängen zwischen institutionellen Charakteristika und Handlungsorientierungen, Einstellungen und Handlungsmustern also einen Beitrag zum Vergleich von Gesundheitssystemen.[100] Allerdings „gelingt es der soziologischen Institutionentheorie bisher nur in Ansätzen, die handlungsleitenden gesellschaftlichen Wertvorstellungen zu isolieren und auf spezifische institutionelle Regelungen zu beziehen. Besondere Schwierigkeiten bereitet die Analyse von Handlungsmustern in unterschiedlich institutionalisierten Gesundheitssystemen, da entsprechende Informationen nur sehr eingeschränkt in internationalen Datensätzen zur Verfügung gestellt werden."[101]

2.2.2.4 Gesundheitsökonomie

Die Begrenztheit verfügbarer Mittel und das Bedürfnis nach besseren und umfangreicheren Gesundheitsleistungen machen wirtschaftliches Handeln in Gesundheitssystemen und damit gesundheitsökonomische Analysen notwendig.[102] Ökonomische Analysen von Gesundheitssystemen beschäftigen sich insbesondere mit dem Aufbau, der Organisation, Funktion und Leistung von Gesundheitssystemen in wirtschaftlichen Fragen, mit den Hauptkriterien Effizienz, Ausgabenkontrolle und Verteilungsgerechtigkeit.[103]

Mikroökonomische Analysen untersuchen das individuelle Verhalten der Akteure[104] in Gesundheitssystemen und versuchen Hypothesen über Verhaltensanpas-

---

99 Vgl. Wendt, C. (2005), S. 23-24; Wendt, C. (2009a), S.51-60.
100 Vgl. Wendt, C. (2005), S. 4; Wendt, C. (2005), S. 28.
101 Wendt, C. (2005), S. 28.
102 Vgl. Adam, H., Henke, K.-D. (2006), S. 1147.
103 Vgl. Wendt, C. (2005), S. 5.
104 Zu den Akteuren zählen sowohl Nachfrager von Gesundheitsleistungen (Patienten bzw. Versicherte), wie auch Leistungserbringer (z. B. Ärzte, Krankenhäuser). Vgl. hierzu Adam, H., Henke, K.-D. (2006), S. 1148.

sungen durch veränderte Rahmenbedingungen abzuleiten.[105] Mit der Kenntnis spezifischer Interessenslagen und Zielfunktionen ist es möglich, über entsprechende Anreize Einfluss auf das Verhalten der beteiligten Personen im Gesundheitswesen zu nehmen.[106] Die theoretische Grundlage bietet der Rational-Choice-Ansatz.[107] „Dabei wird das Grundparadigma des Rationalverhaltens angewandt, d.h. das Individuum wird als rationaler Nutzenmaximierer angesehen, in dessen Nutzenfunktion u. a. materieller Konsum und Gesundheit eingehen."[108] Neben den Einflussfaktoren auf die Leistungsinanspruchnahme und das Gesundheitsverhalten von Patienten bzw. Versicherten sind auch die Verhaltensanreize für die Leistungserbringer von Interesse.[109] Hierbei spielen auch institutionelle Faktoren, wie z. B. das Hausarztprinzip oder die freie Wahl von Allgemein- bzw. Fachärzten, eine Rolle.[110] Es wird deutlich, „dass die mikroökonomische Analyse mit einer Institutionenanalyse zu kombinieren ist."[111]

Für ein weiteres Untersuchungsfeld, der Ausgestaltung von Krankenversicherungsverträgen unter unterschiedlichen Informationsbedingungen, sind zwei Thesen von besonderem Interesse. Die Moral-Hazard-These geht davon aus, dass sich die Absicherung auf das Krankheitsvermeidungsverhalten von Versicherten und auf die Wahl der Versorgungsstrategie im Krankheitsfall auswirkt.[112] Die angebotsinduzierte Nachfrage umschreibt, dass Leistungserbringer die Nachfrage nach Gesundheitsleistungen selbst beeinflussen bzw. ausweiten können.[113] Gegenstand verschiedener Untersuchungen ist die Anpassung des Verhaltens von Versicherten und Leistungsbereitstellern an eine veränderte Anreizstruktur.[114]

Makroökonomische Analysen von Gesundheitssystemen bewegen sich im Bereich der Ressourcenallokation. Ihr Ziel ist es, Zusammenhänge zwischen einer

105 Vgl. Adam, H., Henke, K.-D. (2006), S. 1148.
106 Vgl. Adam, H., Henke, K.-D. (2006), S. 1148.
107 Vgl. Wendt, C. (2005), S. 6.
108 Breyer, F., Zweifel, P., Kifmann, M. (2005), S. 12.
109 Vgl. Breyer, F., Zweifel, P., Kifmann, M. (2005), S. 12.
110 Vgl. Wendt, C. (2005), S. 6.
111 Wendt, C. (2005), S. 6.
112 Vgl. Breyer, F., Zweifel, P., Kifmann, M. (2005), S. 222; zur optimalen Ausgestaltung von Krankenversicherungsverträgen im Hinblick auf Moral-Hazard vgl. Breyer, F., Zweifel, P., Kifmann, M. (2005), S. 221-272.
113 Vgl. Schulenburg, J.-M. Graf v. d., Greiner, W. (2007), S. 162; Breyer, F., Buchholz, W. (2009), S. 214-218.
114 Vgl. Wendt, C. (2005), S. 7-9.

anders strukturierten oder höheren Verfügbarkeit von Ressourcen und einem verbesserten Gesundheitszustand auszumachen. Die Analyse der Erreichbarkeit und Zugänglichkeit von Gesundheitseinrichtungen, von regionalen Unterschieden in der Versorgung und von spezifischen Krankheitsmustern sozialer Gruppen sowie der von gesetzlichen Krankenversicherung (GKV) ausgehenden Wirkungen[115] auf Einkommensverteilung und Familienlastenausgleich, die über die versicherungsimmanenten Umverteilungen hinausgehen, ist Gegenstand verteilungspolitischer Fragen. Auch die Abhängigkeit von Konjunktur und Strukturwandel sowie der Anteil, den das Gesundheitswesen an der gesamtgesellschaftlichen Wertschöpfung beansprucht, und die Bedeutung einer verbesserten Gesundheit als volkswirtschaftliches Humankapital gehören zum Repertoire.[116]

Mit dem Prinzipal-Agent-Ansatz[117] als Teil der Neuen Institutionenökonomik[118] ist es möglich, Verhandlungsprozesse bzw. Sachwalterschaften in Gesundheitssystemen zu analysieren.[119] Kontaktbeziehungen zwischen Ärzten bzw. Leistungserbringern, Patienten und Krankenversicherungen werden als Modelle analysiert, in denen den Agenten gegenüber den Prinzipalen ein Informationsvorsprung zugesprochen wird.[120] „Dabei kann jede der dargestellten Parteien in der einen Hinsicht als Prinzipal und in der anderen Hinsicht als Agent fungieren."[121] Je nach institutionellen Rahmenbedingungen bzw. Anreiz- und Kontrollstrukturen kann dies zu einem unterschiedlichen Ausmaß an opportunistischem Verhalten führen.[122]

2.2.2.5 Einordnung und Integration

Wie bereits erwähnt, hängt der theoretische Zugang maßgeblich von der Fragestellung eines Vergleiches ab.[123] Um Gesundheitssysteme im Ganzen erfassen und mittels einheitlicher Kriterien einander gegenüberstellen zu können, reicht einer

115 Vgl. Bundesministerium für Gesundheit und soziale Sicherung (2003), S. 143-184.
116 Vgl. Adam, H., Henke, K.-D. (2006), S. 1147-1148.
117 Vgl. Saam, N. C. (2002); Bürger, C. (2003), S.55-64; Grüning, M. (2002), S. 154-157; Alparslan, A. (2006), S. 11-47; Söllner, A. (2008), S. 53-54; Pleier, N. (2008), S. 102-106; Roiger, M. B. (2007).
118 Vgl. Pleier, N. (2008), S. 99-116; Bürger, C. (2003), S. 33-37.
119 Vgl. Wendt, C. (2005), S.
120 Vgl. Bürger, C. (2003), S.55-64; Wendt, C. (2005), S. 10.
121 Bürger, C. (2003), S. 59.
122 Vgl. Wendt, C. (2005), S. 10-11.
123 Vgl. Wendt, C. (2005), S. 1.

dieser theoretischen Zugänge nicht aus. Vielmehr müssen Thesen anderer Zugänge integriert werden.[124]

Die vergleichende Gesundheitssystemforschung vereint heute mehrere Forschungsfelder, die aufeinander Bezug nehmen.[125] Verfügbare Daten konzentrieren sich auf die Finanzierung und Ausgaben für Gesundheitsleistungen.[126] Deshalb, und aufgrund des Drucks, Kostendämpfungsmaßnahmen zu ergreifen, stehen Fragen zur Finanzierung und Ausgabenentwicklung im Fokus von Gesundheitssystemvergleichen und machen die Gesundheitsökonomie damit zum einflussreichsten Zugang zu diesen Vergleichen.[127] „Gesucht wurden damals wie heute ökonomisch bewährte Steuerungsansätze, die Antworten und Hilfestellung zu Fragen der Finanzierung und Ressourcenallokation im Gesundheitswesen liefern sollten."[128]

Auch diese Arbeit beschäftigt sich – vor allem unter dem gesundheitsökonomischen Blickwinkel – mit Gesundheitssystemvergleichen bzw. mit der Frage nach der Qualität des deutschen Gesundheitswesens im internationalen Vergleich. Allerdings beschränken sich die Ausführungen und die analysierten Studien nicht nur auf wirtschaftliche Fragestellungen, sondern beziehen Elemente anderer Zugänge zum Vergleich von Gesundheitssystemen ein. Der Zweck von Gesundheitssystemen und die Patientensicht stehen im Fokus des Interesses.

124 Vgl. Wendt, C. (2005), S. 29.
125 Vgl. Jaeckel, R. (2009), S. 44.
126 Vgl. Wendt, C. S. 1-2.
127 Vgl. Wendt, C. (2005), S. 2-3.
128 Jaeckel, R. (2009), S. 44.

3. Identifikation von Gesundheitssystemvergleichen

Um die Forschungsfrage dieser Arbeit zu beantworten, wird größtenteils auf bereits analysierte Daten bzw. bestehende Studien zurückgegriffen. Es handelt sich also um eine Sekundärdatenanalyse.[129] Der vorliegende Abschnitt beschreibt in Kapitel 3.1 die Suche nach und in Kapitel 3.2 die Auswahl von Gesundheitssystemvergleichen. Anschließend werden die Resultate von Recherche und Selektion vorgestellt (siehe Kapitel 3.3).

3.1 Recherche

Im Folgenden wird das Vorgehen bei der Suche nach geeigneten Studien für diese Arbeit beschrieben. Ausgehend von der Abgrenzung des Untersuchungsinhalts in Kapitel 3.1.1 werden in Kapitel 3.1.2 die Auswahl der Suchquellen und die Quellen selbst beschrieben. Anschließend wird die formale (siehe Kapitel 3.1.3) und informelle Suche (siehe Kapitel 3.1.4) vorgestellt. Es wird also zunächst geklärt wonach, anschließend wo und schließlich wie gesucht wurde.

3.1.1 Themenreflexion und Abgrenzung des Untersuchungsinhalts

Ausgangspunkt für eine Literaturrecherche ist stets die Themenreflexion und damit die Abgrenzung des Untersuchungsinhaltes.[130] Bei der Frage nach der Qualität des deutschen Gesundheitswesens im internationalen Vergleich ist die Breite des Vergleichs – eine bestimmte Definition der Qualität vorausgesetzt – von der Anzahl der Vergleichsländer abhängig. Die Tiefe des Vergleichs hängt von der Intensität der Analyse ab. Zum einen soll ein möglichst breiter Vergleich erfolgen, um die Gültigkeit des Ergebnisses nicht durch fehlende Elemente einzuschränken. Zum anderen ist es aber auch sinnvoll, bei der Analyse von Vergleichen ins Detail zu gehen, um Vor- und Nachteile des deutschen Systems gut herausarbeiten zu können. Für diese Arbeitet bedeutet das zum einen, dass die Literaturrecherche sowohl die angesprochene Breite als auch Tiefe von Vergleichen abdecken muss und zum anderen, dass für die Ausführungen ein Kompromiss gefunden werden muss, da der Umfang der Arbeit begrenzt ist.

[129] Vgl. Röhrig, B., Prel, J.-B. du, Blettner, M. (2009), S. 185.
[130] Vgl. Brink, A. (2005), S. 45.

Wie schon erwähnt, unterliegen Gesundheitssysteme einem ständigen Wandel.[131] Ein Ziel dieser Arbeit ist es, eine Aussage über den Stand der Qualität des deutschen Gesundheitswesens im internationalen Vergleich zu treffen. Für die Literaturrecherche bedeutet dies, dass nach möglichst aktuellen Studien gesucht wird.

3.1.2 Suchquellen

Erster Schritt zur Identifikation geeigneter Gesundheitssystemvergleiche ist die Auswahl von Suchquellen. Die Recherche soll eine möglichst komplette Suche gewährleisten. Tabelle 3 listet die verwendeten Quellen auf und beschreibt die Art der Suche. Die Recherche in den einzelnen Quellen erscheint zum Teil redundant. Allerdings gibt es in einigen Fällen Grund für die Einzelsuche in besonders wichtigen Quellen. Es ist zu berücksichtigen, dass übergeordnete Suchanfragen in unterschiedlichen Datenquellen die Suchkriterien nicht in allen einbezogenen Katalogen unterstützen und die Ergebnisse somit hinter den Ergebnissen einer Einzelrecherche zurückbleiben. Darüber hinaus sprechen praktische Gründe in einigen Fällen für eine separate Suche: Relevante Studien sollen, wenn möglich, über lokal verfügbare Suchquellen und die unmittelbar zugänglichen elektronischen Quellen und, wenn nicht möglich, durch schwerer zugängliche Quellen bezogen werden.

[131] Vgl. Rebscher, H. (2009), S. 1-2.

Quelle	Beschreibung
Kataloge	
Universitätsbibliothek Erlangen-Nürnberg	Katalog der Friedrich-Alexander-Universität Erlangen-Nürnberg (Suche mit OPACplus)
Hochschulbibliothek Georg-Simon-Ohm Hochschule Nürnberg	Katalog der Georg-Simon-Ohm Hochschule Nürnberg (OPAC-Suche)
Regensburger Katalog	Katalog der Hochschulen, der Stadt und anderer Einrichtungen Regensburgs (OPAC-Suche)
Bibliotheksverbund Bayern	Verbundkatalog und Aufsatzdatenbank (OPAC-Suche, Fernleihe und Volltexte mittels SFX)
WorldCat	Suche in einem Katalognetzwerk von OCLC-Bibliotheken weltweit, in MEDLINE und OAIster-Suche
Bibliographien	
Deutsche Nationalbibliothek	Suche in der Nationalbibliographie der Bundesrepublik
Volltextdatenbanken	
Springerlink	Bücher- und Zeitschriftensuche in Volltextdatenbank
Digitale Universalbibliotheken	
Google Bücher	Volltextsuche von und in Büchern
Suchmaschinen im Internet	
Google Scholar	Suche wissenschaftlicher Publikationen, Zitationsanalyse
Google	Allgemeine, indexbasierte Abfragesuchmaschine
Metger[2]	Metasuchmaschine
Zeitschriftenverzeichnisse	
Zeitschriftendatenbank	Suche in einer Datenbank von Zeitschriften und anderen fortlaufenden Sammelwerken
Webauftritte relevanter Organisationen	
Beratungsstelle für angewandte Systemforschung, EuroStat, Fraser Institute, Fritz Beske Institut, OECD und WHO	

Tabelle 3: Recherchequellen[132]

[132] Quelle: Eigene Darstellung.

In Anhang 2 werden die Quellen für die formale Suche, ausgehend von den lokal verfügbaren Bibliothekskatalogen und umfassenderen Verbundkatalogen über die Deutsche Nationalbibliographie, eine Volltextdatenbank und eine digitale Universalbibliothek bis hin zu der wissenschaftlichen Suchmaschine Google Scholar ausführlich vorgestellt und die Auswahl der Quellen näher begründet. Anschließend sind die übrigen Suchmaschinen, die Zeitschriftendatenbank (ZDB) und Datenbanken relevanter Organisationen, die für die informelle Recherche genutzt wurden, beschrieben.

3.1.3 Formale Recherche

Bei der formalen Suche wurde in geeigneten Quellen systematisch recherchiert. Bevor der Ablauf dieser diese Recherche in Kapitel 3.1.3.2 beschrieben werden kann, muss in Kapitel 3.1.3.1 erklärt werden, wie sich die Suche zusammensetzt bzw. welche Suchstrategie verfolgt wurde.

3.1.3.1 Suchstrategie

Die im letzten Abschnitt beschriebenen (relationalen) Datenbanksysteme verfügen über ein Datenbank-Managementsystem. Dieses bildet die Schnittstelle zwischen Datenbank und Benutzer und ermöglicht unter anderem die Suche im gespeicherten Datenbestand und die Analyse des Bestands.[133] Um die Möglichkeiten der ausgewählten Datenbanken und Suchmaschinen optimal zu nutzen, müssen eine geeignete Suchanfrage und Suchkriterien erarbeitet werden: Es wird festgelegt, mit welcher Kombination von Suchbegriffen und mit welchen Einschränkungen in den Quellen recherchiert werden soll. Ausgangspunkt ist das Ziel dieser Arbeit: Eine Aussage über den Stand der Qualität des deutschen Gesundheitswesens im internationalen Vergleich zu treffen.

Für geeignete Suchanfragen werden Suchkomponenten erarbeitet, anschließend geeignete Suchbegriffe recherchiert. In einem dritten Schritt gilt es, die Suchbegriffe der jeweiligen Komponente sinnvoll zu verknüpfen und die Suchkriterien selbst zweckmäßig zu verbinden. Zunächst wird jedoch auf die Suchrestriktionen

[133] Vgl. Gantert, K. (2010), S. 15-16.

bezüglich der Aktualität der zu verwendenden Studien und der verwendeten Landessprachen eingegangen.

Restriktionen

Da sich Gesundheitssysteme ständig wandeln,[134] müssen möglichst aktuelle Studien gefunden werden. Die Suche beschränkt sich – wo immer möglich – auf Studien seit dem Jahr 2000. Auch sprachlich muss eingeschränkt werden. Bei allen Suchanfragen, die eine solche Einstellung ermöglichen, soll sich die Recherche auf Publikationen in deutscher und in englischer Sprache beschränken.

Suchkomponenten

Die Suchkomponenten sollen den jeweiligen Themenkomplex möglichst vollständig erfassen. Schon aus der Themenstellung lassen sich zwei Komponenten extrahieren: Die Qualität des deutschen Gesundheitswesens und der internationale Vergleich. Die Recherche in den Index- bzw. Registerfunktionen der ausgewählten Suchquellen legt nahe, die zweite Komponente zu übernehmen. „Internationaler Vergleich" wird in vielen Datenbanksystemen als Schlagwort geführt. Die erste Komponente scheint dafür allerdings zu komplex. Es kann darauf verzichtet werden, explizit auf das deutsche Gesundheitswesen zu verweisen, da davon auszugehen ist, dass das deutsche Gesundheitswesen im Großteil von Gesundheitssystemvergleichen ohnehin berücksichtigt wird. Bei der Formulierung muss zudem beachtet werden, dass der Begriff Qualität heterogen benutzt wird.[135] Um den Themenkomplex möglichst vollständig zu erfassen, konzentriert sich die erste Komponente auf den Begriff des Gesundheitswesens im Allgemeinen. Sie soll alle Publikationen identifizieren, die sich mit Gesundheitssystemen beschäftigen. Die zweite Komponente soll jene Veröffentlichungen kenntlich machen, die einen internationalen Vergleich vornehmen. Abbildung 2 stellt die Komponenten dar.

---

134 Vgl. Rebscher, H. (2009), S. 1-2.

135 Dies zeigen die Ausführungen in Kapitel 2.1, besonders in Kapitel 2.1.2.

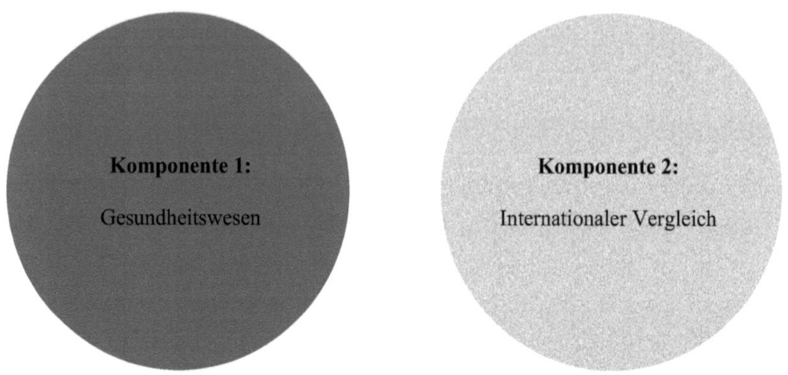

Abbildung 2: Suchkomponenten der Literaturrecherche[136]

Suchbegriffe

Für beide Komponenten müssen geeignete Suchanfragen in Form von Begriffen, Phrasen, Synonymen und Schlagworten in deutscher und englischer Sprache erarbeitet werden. Zur Formulierung von Suchanfragen ist es grundsätzlich ratsam, die Index- bzw. Registerfunktionen von Datenbanken zu nutzen, die bereits bei der Erstellung der Suchkomponenten genutzt wurden. „Sie verschaffen einen Überblick über die möglichen Suchbegriffe, Unsicherheiten bezüglich der Schreibung oder der Ansetzungsform einzelner Suchbegriffe lassen sich ausschließen, durch ihre Verwendung kommt man oft zu präziseren oder ergänzenden Suchbegriffen und schließlich bieten sie in manchen Fällen auch noch weitere Informationen."[137] Um möglichst alle Komposita und Flexionsformen in die Recherche einzubeziehen, werden Trunkierungen und Maskierungen verwendet. Neben der Anfangs- und Endtrunkierung mit „*" wird dieses Zeichen auch verwendet, um Schreibvariationen zu erfassen. Für die Phrasensuche wird die Anfrage in Anführungszeichen gesetzt.

Aufgrund der verschiedenen Quellen mit unterschiedlichen Recherchemöglichkeiten, müssen Suchanfragen für einzelne Datenbanken gelegentlich angepasst werden. Sogar innerhalb der Quellen müssen dabei für verschiedene Arten der Re-

136 Quelle: Eigene Darstellung.
137 Gantert, K. (2010), S. 20.

cherche mitunter unterschiedliche Anfragen generiert werden. In einigen Fällen sind diese Suchanfragen gleich oder unterscheiden sich nur marginal. Deshalb ist es sinnvoll, eine Standardsuchanfrage zu erarbeiten. Mit Hilfe der Index- bzw. Registerfunktionen der Datenbanken und mit einer explorativen Phrasen- und Kontextsuche wurde für beide Suchkomponenten eine Liste mit geeigneten Suchbegriffen, Phrasen, Synonymen und Übersetzungen generiert. Dabei wurden die Trunkierungsfunktionen und die Interpretation von Sonderzeichen durch die Datenbanken gründlich recherchiert und berücksichtigt. Tabelle 4 gibt einen Überblick in alphabetischer Reihenfolge.

Suchkomponente 1: Gesundheitswesen		**Suchkomponente 2: Internationaler Vergleich**	
Suchgegenstand	**Suchanfragen**	**Suchgegenstand**	**Suchanfragen**
Gesundheitsdienst	Gesundheitsdienst*	comparison	compar*
Gesundheitsfürsorge	Gesundheitsfürsorge*	cross-country	"cross country"
Gesundheitspflege	Gesundheitspflege*	cross-national	"cross national"
Gesundheitssystem	Gesundheitssystem*	Gegenüberstellung	gegenüber*stell*
Gesundheitswesen	Gesundheitswesen*	inter-country	"inter country"
Gesundheitsversorgung	Gesundheitsversorg*	international	internation*
health care	"health care", healthcare*	interstate	interstate*
health care system	"health care system", "health care systems"	Ländervergleich	Ländervergleich*
health service	"health service", "health services"	supranational	supranational*
health system	"health system", "health systems"	Systemvergleich	Systemvergleich*
public health	"public health"	Vergleich	vergl*
public health system	"public health system", "public health systems"	Zwischenstaatlich	zwischenstaatlich*

Tabelle 4: Bestandteile der Suchkomponenten[138]

138 Quelle: Eigene Darstellung.

Verknüpfung

Für eine geeignete Suchanfrage müssen die Suchbegriffe der jeweiligen Komponente sinnvoll verknüpft und in einem zweiten Schritt die Suchkriterien selbst zweckmäßig verbunden werden. Dafür stehen die Booleschen Operatoren und Angaben über die Reihenfolge der Verknüpfung zur Verfügung.[139] Mit dem Operator „OR“ werden alle Begriffe innerhalb einer Suchkomponente verbunden.[140] So werden Datensätze gefunden, die mindestens mit einem dieser Begriffe verknüpft sind. Das Ergebnis ist eine Vereinigungsmenge.[141] Die Komponenten selbst werden in einem zweiten Schritt mit dem Operator „AND“ verbunden. So werden Datensätze identifiziert, die mit beiden Suchkomponenten verbunden sind. Das Ergebnis ist die Schnittmenge der Ergebnisse beider Einzelkomponenten.[142] Um zu garantieren, dass diese Reihenfolge eingehalten wird, muss die Reihenfolge der Verknüpfungen festgelegt werden, da „manche Datenbankanwendungen – unabhängig von der Reihenfolge der Eingabe der Suchbegriffe – immer zuerst die Und-Verknüpfung durchführen.“[143] Dafür können Klammern verwendet werden. Abbildung 3 stellt die Verknüpfung der Suchbegriffe innerhalb der Suchkomponenten sowie die Verbindung der Suchkomponenten selbst zu einer Suchanfrage dar.

139 Vgl. Gantert, K. (2010), S. 18-21.
140 Es handelt sich also um eine nicht-ausschließende Disjunktion.
141 Vgl. Gantert, K. (2010), S. 18.
142 Vgl. Gantert, K. (2010), S. 18.
143 Gantert, K. (2010), S. 19.

Abbildung 3: Verknüpfung von Suchbegriffen und -komponenten[144]

Mit den Bestandteilen der Suchkomponenten aus Tabelle 4 und dem Verknüpfungsmodell aus Abbildung 3 lässt sich eine Standardsuchanfrage erstellen, die für die Suche in den ausgewählten Quellen verwendet werden kann, sofern nicht Suchfunktionen und Eigenschaften der Datenbanken eine andere Suchanfrage fordern:

> (Gesundheitsdienst* OR Gesundheitsfürsorge* OR Gesundheitspflege* OR Gesundheitssystem* OR Gesundheitswesen* OR Gesundheitsversorg* OR "health care" OR healthcare* OR "health care system" OR "health care systems" OR "health service" OR "health services" OR "health system" OR "health systems" OR "public health" OR "public health system" OR "public health systems") AND (compar* OR "cross country" OR "cross national" OR gegenüber*stell* OR "inter country" OR internation* OR interstate* OR Ländervergleich* OR supranational* OR Systemvergleich* OR vergl* OR zwischenstaatlich*)

3.1.3.2 Ablauf

Wegen der Verschiedenartigkeit der ausgewählten Datenbanken macht es in einigen Fällen Sinn, die Suchanfrage für die einzelnen Quellen, oder sogar für verschiedene Arten der Suche innerhalb der Quellen, anzupassen. So verfügen z. B. einige Datenbanken über unterschiedliche Register. Für die Indexsuche stehen deshalb verschiedene Schlagworte zur Verfügung. Auch die Trunkierungsfunktionen einiger Datenbanken sind verschieden und generieren ohne Anpassung

[144] Quelle: Eigene Darstellung.

suboptimale Ergebnisse. Zusätzlich sind die unterschiedliche Berücksichtigung der Klammern bzw. die Reihenfolge der Verknüpfung sowie die unterschiedlichen Eingabemöglichkeiten zu beachten. In Anhang 3 wird die Zusammenstellung der Suchanfragen für die einzelnen Quellen nach dem Muster aus dem vorherigen Abschnitt ausführlich beschrieben. Bei einigen Anfragen konnte auf die Standardsuchanfrage zurückgegriffen werden. Wo immer möglich, wurde die Suche auf Publikationen ab dem Jahr 2000 limitiert. Die konkreten Suchanfragen sind in Anhang 4 gelistet.

3.1.4 Informelle Recherche

Neben der systematischen bzw. formalen Recherche wurde auch eine informelle Suche unternommen. Dazu wurde mit Suchbegriffen aus der Standradanfrage und dem Begriff „Gesundheitssystemvergleich" in der indexbasierten allgemeinen Abfragesuchmaschine Google und in der Metasuchmaschine Metger[2] gesucht. Mit der Suche in der ZDB wurden Fachzeitschriften identifiziert, die sich mit internationalen Vergleichen von Gesundheitssystemen beschäftigen. Die ZDB bietet mit der Stichwortsuche nach Titeln und einer allgemeinen Stichwortsuche zwei geeignete Recherchemöglichkeiten. Bei der Recherche wurde ähnlich wie bei der formalen Suche vorgegangen. Deshalb sind die entsprechenden Suchanfragen auch im Anhang 4 gelistet. Für beide Suchen wurden die Suchbegriffe der Standardabfrage lediglich mit Kürzeln versehen, die für die jeweilige Abfrage in der ZDB notwendig sind, und der Boolesche Operator AND durch ein Drop-Down-Menü eingefügt. Im Gegensatz zur formalen Suche mussten anschließend erst die Inhalte bzw. Beiträge gesichtet werden. Eine dritte Form der informellen Suche bieten Internetauftritte von Organisationen, die sich mit Gesundheitssystemvergleichen auseinandersetzten. Diese wurden nach relevanten Inhalten durchsucht.

3.2 Auswahl

Dieser Abschnitt beschreibt das Selektionsverfahren, das unter den Suchergebnissen jene Veröffentlichungen identifizieren soll, die ausgewertet und beschrieben werden, um die Frage nach der Qualität des deutschen Gesundheitswesens im internationalen Vergleich beantworten zu können. Bevor der Auswahlprozess an sich dargestellt werden kann (siehe Kapitel 3.2.2), müssen die Kriterien der Eignung in Kapitel 3.2.1 vorgestellt werden.

3.2.1 Selektionskriterien

Zur Identifikation relevanter Publikationen wurden Selektionskriterien sowie die dazugehörigen Einschluss- und Ausschlussausprägungen definiert. Tabelle 5 gibt einen Überblick.

Selektionskriterium	Einschlussausprägung	Ausschlussausprägung
Zeitraum	Publikationen, die zwischen dem 01.01.2000 und dem Tag der Suche in den jeweiligen Quellen im Oktober 2010 veröffentlicht wurden	Publikationen, die vor dem 01.01.2000 veröffentlicht wurden
Sprache	Deutsch und Englisch	Sprachen außer Deutsch und Englisch
Publikationsform	Monographien, Sammelbände, Artikel in Fachzeitschriften, Reviews, unveröffentlichte Studien	Arbeitspapiere, Präsentationen bzw. Vorträge, Tagungsbände, Festschriften, Kommentare bzw. Editorials, Interviews, Nachrichtenartikel, Datensammlungen
Vergleichsgegenstand	Qualität von Gesundheitssystemen	Publikationen, die nicht die Qualität von Gesundheitssystemen vergleichen
Ganzheitlichkeit	Vergleich der Qualität von ganzen Systemen	Vergleiche von Teilen von Systemen
Umfang des Vergleichs	Vergleich des deutschen Gesundheitswesens mit mindestens einem Gesundheitssystem westlicher Industrienationen	Vergleiche ohne Berücksichtigung des deutschen Systems oder ohne ein Vergleichssystem westlicher Industrieländer

Tabelle 5: Selektionskriterien für die Studienauswahl[145]

Das Selektionskriterium Zeitraum wird wie bei der Suchstrategie genutzt, um Publikationen seit dem Jahr 2000 auszuwählen. Dies ist notwendig, da einige Suchverfahren bzw. Suchquellen eine solche Einschränkung nicht vollständig erlauben. Ähnliches gilt für die Sprache. Deshalb muss auch im Auswahlprozess

[145] Quelle: Eigene Darstellung.

nach Sprachen selektiert werden. Deutsch- und englischsprachige Publikationen werden ein- und Publikationen in anderen Sprachen ausgeschlossen. Weiter sollen Publikationen in Form von Monographien, Sammelbände, Artikel in Fachzeitschriften, Reviews und unveröffentlichte Studien ausgewählt werden. Arbeitspapiere, Präsentationen bzw. Vorträge, Tagungsbände, Festschriften, Kommentare bzw. Editorials, Interviews und Nachrichtenartikel werden dagegen verworfen, da diese Publikationsformen den Anforderungen an Informationsgehalt für einen internationalen Vergleich der Qualität von Gesundheitssystemen kaum standhalten. Auch reine Datensammlungen bzw. Veröffentlichungen, die vornehmlich Statistiken auflisten, werden nicht berücksichtigt, da Daten alleine noch keinen Gesundheitssystemvergleich leisten können. Bei der Selektion nach Publikationsform spielt es keine Rolle, ob die Literatur elektronisch oder als Printmedium vorliegt.

Das erste inhaltliche Kriterium betrifft den Vergleichsgegenstand. Es sollen solche Publikationen ausgewählt werden, die sich der Qualität von Gesundheitssystemen annehmen. Dabei spielt es keine Rolle, ob der Vergleichsgegenstand anders benannt wird. Da die Qualität von ganzen Gesundheitssystemen verglichen werden soll, werden mit dem zweiten inhaltlichen Selektionskriterium Publikationen ausgewählt, die die Qualität gesamter Systeme vergleichen und solche verworfen, die sich nur mit Teilen von Systemen beschäftigen. Das dritte inhaltliche Kriterium wählt Vergleiche aus, die das deutsche Gesundheitswesen und wenigstens eine weitere westliche Industrienation einschließen. Das soll garantieren, dass der Vergleich bestimmte inhaltliche Kriterien erfüllt. Ein Vergleich des deutschen Gesundheitswesens mit denen von Entwicklungsländern würde nur wenig Aussagekraft über die Qualität im internationalen Vergleich haben. Allerdings können Veröffentlichungen mit einer geringen Anzahl an Vergleichssystemen nur zur tieferen Analyse von Gegenüberstellungen herangezogen werden. Für eine breitere Analyse werden Vergleiche benötigt, die einen deutlich größeren Umfang aufweisen.

3.2.2 Ablauf

In einer Vorauswahl wurden Publikationen anhand von Titel und Abstract bzw. Zusammenfassung selektiert. Dabei wurden Veröffentlichungen verworfen, die irrelevant für die Beantwortung der Forschungsfrage sind oder das Thema nur streifen. Ausgeschlossen wurden auch jene, die offensichtlich andere Selektionskriterien nicht erfüllen.

In einer zweiten Auswahlphase sollten die wirklich relevanten Veröffentlichungen identifiziert werden. Dazu wurden die Volltexte der übrigen Auswahl gesichtet. Publikationen, die nur eine Ausschlussausprägung der Selektionskriterien aufweisen, wurden verworfen; ausgewählt nur solche, die alle Einschlussausprägungen aufweisen.

3.3 Resultat der Recherche und Auswahl

Abbildung 4 stellt die einzelnen Auswahlschritte und deren Ergebnisse schematisch dar.

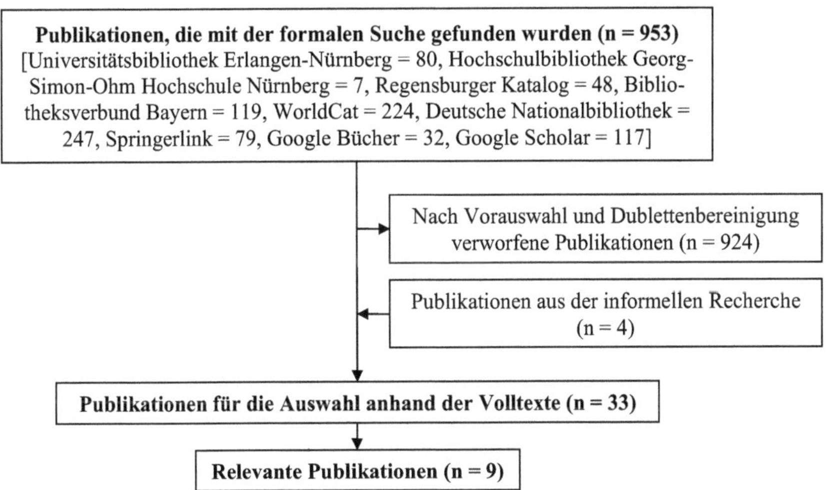

Abbildung 4: Auswahlschritte und Ergebnisse[146]

Von 953 Publikationen, die mit Hilfe der formalen Suche gefunden werden konnten, wurden nach der Vorauswahl und Dublettenbereinigung 924 verworfen. Mit vier Publikationen aus der informellen Recherche blieben 33 Veröffentlichungen

[146] Quelle: Eigene Darstellung.

für die Auswahl anhand der Volltexte übrig. In einem Fall ergab die informelle Recherche, dass eine neuere Version eines Reports, der durch die formale Suche identifiziert wurde und in einer Reihe erscheint, verfügbar ist. Neun Publikationen wurden schließlich ausgewählt. Dies sind:

- Der World Health Report 2000 der WHO (2000),
- eine Analyse von Domenighetti und Quaglia (2001),
- eine Untersuchung des Fritz Beske Instituts (2004),
- eine Gegenüberstellung von Pommer, van der Torre und Kuhry (2004),
- der Vergleich des Fraser Institutes (2008),
- eine Analyse von Wendt (2009),
- der Gesundheitssystemvergleich von Schölkopf (2010),
- der Vergleich von Koch, Schürmann und Sawicki (2010) und
- der Gesundheitssystemvergleich von Habl und Bachner (2010).

4. Relevante Publikationen

Im Identifikationsprozess, wie in Kapitel 3 beschrieben, wurden Publikationen gefunden, die potentiell einen Beitrag zur Beantwortung der Frage nach der Qualität des Gesundheitswesens in Deutschland beitragen. Diese Werke und deren Ergebnisse werden in den Kapiteln 4.1 bis 4.9 beschrieben. Für jede Untersuchung werden die Vergleichsdimensionen und deren Einzelergebnisse vorgestellt. Anschließend werden die Gesamtergebnisse dieser Untersuchung erläutert, falls aggregierte Vergleiche vorliegen. Die Bewertung der Vorgehensweise trägt dazu bei, die Bedeutung der Untersuchung für die Frage nach der Qualität des deutschen Gesundheitswesens im internationalen Vergleich zu klären. Einige Veröffentlichungen verhalten sich kritisch zueinander. Die Kritik der Autoren wurde berücksichtigt. Kapitel 4.10 fasst die in den vorgestellten Untersuchungen verwendeten Indikatoren für den Vergleich zusammen und teilt diese in Kategorien ein.

4.1 World Health Report 2000 der WHO (2000)

Der „World Health Report 2000: Health Systems: Improving Performance" der WHO sorgte mit einer Evaluation von 191 Gesundheitssystemen für Aufsehen.[147]

4.1.1 Vergleichsdimensionen

Die WHO stützt sich auf fünf Dimensionen: „To assess a health system, one must measure five things: the overall level of health; the distribution of health in the population; the overall level of responsiveness; the distribution of responsiveness; and the distribution of financial contribution."[148] Tabelle 6 gibt einen Überblick und umschreibt die Bedeutung der Dimensionen im Deutschen.

147 Vgl. Fritz Beske Institut für Gesundheits-System-Forschung (2004a); Schöllkopf, M. (2010), S.170; Habl, C., Bachner, F. (2010), S. 1; Social and Cultural Planning Office (2004), S. 167.

148 World Health Organization (2000), S. 27.

Dimension	Bedeutung im Deutschen	Indikator
Overall level of health	Gesundheitsniveau der Bevölkerung	disability-adjusted life expectancy
Distribution of health in the population	Fairness der Verteilung von Gesundheit in der Bevölkerung	Verteilung von Kindersterblichkeit innerhalb einer Bevölkerung
Overall level of responsiveness	Patientensouveränität	Index, erstellt durch zwei separate Befragungen
Distribution of responsiveness	Soziale Gerechtigkeit	Index, erstellt durch zwei separate Befragungen
Distribution of financial contribution	Fairness der Finanzierung	Index, erstellt anhand der Verteilung der Anteile von Gesundheitsausgaben am Zahlungsvermögen verschiedener Haushalte

Tabelle 6: World Health Report 2000: Dimensionen, Bedeutung, Indikatoren[149]

Zur Beurteilung des Gesundheitsniveaus der Bevölkerung verwendet die WHO Daten, die Auskunft über die Wahrscheinlichkeiten in den einzelnen Ländern vor dem sechsten Lebensjahr und zwischen 15 und 59 Jahren zu sterben und über die Lebenserwartung in diesen Staaten geben. Auf Basis der Mortalitätsdaten werden fünf Kategorien unterschieden, die von einer geringen Kinder- und Erwachsenensterblichkeit bis zu einer hohen Kinder- sowie einer sehr hohen Erwachsenensterblichkeit reichen. In Kombination mit sechs Regionen auf der Erde ergeben sich aus diesen fünf Kategorien 14 Subregionen, festgelegt nach geografischen und epidemiologischen Gesichtspunkten. Für jede dieser Subregionen weist die WHO Mortalitätsraten zahlreicher Todesursachen, unterschieden nach Geschlecht, aus dem Jahr 1999 aus. Diese Daten werden mit Informationen über Behinderung bzw. Invalidität kombiniert, um eine Aussage über den Gesundheitszustand der Bevölkerung treffen zu können: „The burden of disease, that is, the

149 Quelle: Eigene Darstellung in Anlehnung an World Health Organization (2000), S. 27-39; Fritz Beske Institut für Gesundheits-System-Forschung (2004a), S. 17.

number of disability-adjustes life years (DALYs) lost.“[150] Diese Daten werden allerdings nur für die 14 Subregionen ausgewiesen.[151]

Nach ähnlichem Muster verwendet die WHO für den Vergleich einzelner Gesundheitssysteme die um Behinderung bzw. Invalidität bereinigte Lebenserwartung in den verschiedenen Ländern. Damit wird das **Gesundheitsniveau der Bevölkerung** bewertet.[152] Abbildung 5 schafft eine visuelle Basis für nachfolgende Beschreibung.

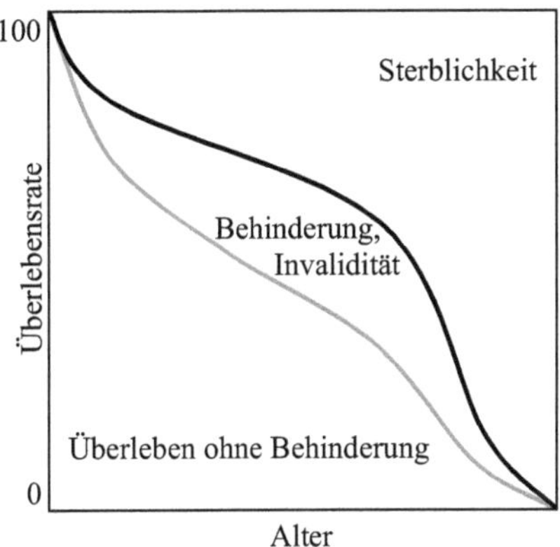

Abbildung 5: World Health Report 2000: Gesundheitsniveau[153]

Die Fläche oberhalb der schwarzen Linie beschreibt die Sterblichkeit in einer Bevölkerung. Die Last durch Krankheit innerhalb einer Bevölkerung schließt diesen Bereich und den Bereich zwischen der schwarzen und der grauen Linie – als Behinderung, Invalidität gekennzeichnet – ein. Letztgenannter Bereich drückt die Lebenszeit mit einer Behinderung aus und orientiert sich an der Gewichtung verschiedener Zustände zwischen Tod und perfekter Gesundheit. Die reine Lebenserwartung korrespondiert also mit der schwarzen Linie und umschließt sowohl das Überleben ohne Behinderung und die Lebenszeit mit Behinderung bzw. Invalidität. Im Gegensatz dazu bezieht sich die angepasste Lebenserwartung neben

[150] World Health Organization (2000), S. 27.
[151] Vgl. World Health Organization (2000), S. 27.
[152] Vgl. World Health Organization (2000), S. 27-28.
[153] Quelle: Eigene Darstellung in Anlehnung an World Health Organization (2000), S. 28.

dem Überleben ohne Behinderung nur auf einen Teil der Lebenszeit mit Behinderung. Für die Schätzung der angepassten Lebenserwartung verwendet die WHO drei verschiedene Informationen: Die Überlebensrate einer Bevölkerung für jedes Alter, die Prävalenz einer jeden Behinderung für jedes Alter und die Gewichtung jeder Art von Behinderung für jedes Alter. Ausgehend von der reinen Überlebensrate für jedes Alter wird die Lebenserwartung mit Hilfe der Gewichtung und Prävalenz angepasst. „These adjusted survival shares are then divided by the initial population, before any mortality occurred, to give the average number of equivalent healthy life years that a newborn member of the population could expect to live."[154] Anhand der auf diese Weise ermittelten durchschnittlichen invaliditätsbereinigten Lebenserwartung „disability-adjusted life expectancy (DALE)"[155] wird ein Ranking erstellt, das von Japan mit 74,5 Jahren angeführt wird. Deutschland belegt mit 70, 4 Jahren Platz 22.[156]

Die zweite Dimension beschäftigt sich mit der **Verteilung von Gesundheit innerhalb einer Bevölkerung**. Ziel ist es, eine Aussage über die Fairness bzw. Gleichheit der Verteilung zu treffen. Dafür verwendet die WHO Mortalitätsraten. Für den Vergleich aller Länder stehen allerdings nur Daten zur Kindersterblichkeit zur Verfügung. Auf Basis der Überlebenswahrscheinlichkeit von Kindern und deren Verteilung innerhalb der Länder berechnet die WHO einen Index: „The distributional measure of health ranges from 1 for the case of perfect equality to zero for extreme inequality, which corresponds to a fraction of the population having an expectancy of 100 years and the rest having no expectation of surviving infancy."[157] Auf diese Weise erstellt die WHO ein Ranking, das von Chile, Großbritannien, Japan, Norwegen und Polen mit einem Index von 0,999 angeführt wird. Deutschland belegt Rang 20 und erreicht wie Australien, Kanada, die Tschechische Republik, Dänemark, Luxemburg und Slowenien einen Index von 0,977 (Plätze 17 bis 23).[158]

---

154 World Health Organization (2000), S. 28.

155 World Health Organization (2000), S. 27.

156 Vgl. World Health Organization (2000), S. 27-28; World Health Organization (2000), S. 176; für eine detailliertere Beschreibung der Anpassung vgl. World Health Organization (2000), S. 28, Box 2.1.

157 World Health Organization (2000), S. 28-29.

158 Vgl. World Health Organization (2000), S. 28-31; World Health Organization (2000), S. 177.

Die dritte Dimension ist weniger ergebnisorientiert. Sie beschäftigt sich mit Aspekten außerhalb medizinischer Kernprozesse. Ziel ist es festzustellen, ob die Erwartungen der Bevölkerung, wie sie von bzw. in einem Gesundheitssystem behandelt werden sollen, erfüllt werden.[159] Das Fritz Beske Institut, das sich mit dem World Health Report 2000 auseinandersetzte, verwendet für die Dimension „responsiveness“ den deutschen Begriff „**Patientensouveränität**“[160]. Die WHO unterscheidet zwei Kategorien: „One basic distinction is between elements related to respect for human beings as persons – which are largely subjective and judged primarily by the patient – and more objective elements related to how a system meets certain commonly expressed concerns of patients and their families as clients of health systems, some of which can be directly observed at health facilities."[161] Der Kategorie „Respekt“ werden drei und der Kategorie „Patientenorientierung“ werden vier Elemente zugeteilt. Tabelle 7 stellt diese vor und gibt Auskunft über die Gewichtung.

Respekt (50 %)	**Patientenorientierung (50 %)**
Respekt vor der Würde einer Person (16,7 %)	Unverzügliche Reaktion bei Notfällen, ansonsten akzeptable Wartezeiten (20 %)
Diskretion in Bezug auf den Zugang zu persönlichen Informationen (16,7 %)	Annehmlichkeiten, z. B. in Bezug auf Verpflegung, Raumangebot, Sauberkeit (15 %)
Autonomie in Bezug auf die Teilhabe an Entscheidungen (16,7 %)	Zugang zu sozialen Netzwerken, z. B. Besuchsmöglichkeiten bei einem Krankenhausaufenthalt (10 %)
	Freie Wahl der Leistungserbringer (5 %)

Tabelle 7: World Health Report 2000: Patientensouveränität[162]

Um Werte für diese Elemente zu erhalten, befragte die WHO jeweils 50 oder mehr Experten zur Situation in 35 Staaten. Diese vergaben Werte zwischen 0 und 10 für jedes Element. Schätzungen für die übrigen Länder wurden aus diesen Daten abgeleitet und der Verschiedenartigkeit der Staaten und Informantengruppen angepasst. Die Gewichtung der einzelnen Werte zu einem Gesamtwert ist das Er-

159 Vgl. World Health Organization (2000), S. 31.
160 Fritz Beske Institut für Gesundheits-System-Forschung (2004a), S. 17.
161 World Health Organization (2000), S. 31.
162 Quelle: Eigene Darstellung in Anlehnung an World Health Organization (2000), S. 32.

gebnis einer separaten Befragung von mehr als 1.000 Personen. Das so entstandene Ranking wird von den USA mit einem Index von 8,10 angeführt. Deutschland belegt mit einem Index von 7,10 den fünften Rang.[163]

Die WHO geht auch der Frage nach, wie sich die gerade beschriebenen Elemente in der Bevölkerung verteilen. Die vierte Dimension beschäftigt sich mit der Fairness der Verteilung von „responsiveness" bzw. der Diskriminierung einzelner Patientengruppen. Das Fritz Beske Institut beschreibt diese Dimension mit dem deutschen Begriff „**Soziale Gerechtigkeit**"[164]. Zur Bewertung der einzelnen Länder greift die WHO auf Daten zurück, die im Zuge der Expertenbefragungen erhoben wurden. „[The] measure of fairness [is] based on the informants' views as to which groups are most often discriminated against in a country's population and on how large those groups are. Either a larger group being affected, or more informants agreeing on that group's being treated worse than some others, implies more inequality of responsiveness and therefore less achievement of fairness."[165] Auf dieser Grundlage erstellt die WHO ein Ranking. Die Vereinigten Arabischen Emirate führen dies mit einem Index von 1,000 an. Deutschland teilt sich mit 35 Ländern, die ebenfalls einen Index von jeweils 0,995 erreichten, die Plätze 3 bis 38.[166]

Die letzte Dimension beschäftigt sich mit der Finanzierung von Gesundheitssystemen. Ziel ist es, eine Aussage über die **Fairness der Finanzierung** in den jeweiligen Staaten zu treffen. Eine faire Finanzierung bedeutet dabei, dass sich die Kosten für einen Haushalt an dessen finanziellen Möglichkeiten und nicht am Krankheitsrisiko orientieren. Die WHO nennt zwei Gründe für Ungerechtigkeit: Zum einen sind dies hohe unerwartete Kosten, die bei der Nutzung von Gesundheitsleistungen erbracht werden müssen, also nicht durch Vorauszahlungen abgedeckt sind. Zum anderen ist dies ein regressives Finanzierungssystem, bei dem ärmere Personen bzw. Haushalte einen proportional höheren Anteil zur Finanzierung leisten müssen. „The ideal is largely to disconnect a household's financial

---

163 Vgl. World Health Organization (2000), S. 32-33, insbesondere Box 2.2; World Health Organization (2000), S. 184.
164 Fritz Beske Institut für Gesundheits-System-Forschung (2004a), S. 17.
165 World Health Organization (2000), S. 35.
166 Vgl. World Health Organization (2000), S. 33-35; World Health Organization (2000), S. 184.

contribution to the health system from its health risks, and separate it almost entirely from the use of needed services."[167] Um die Gerechtigkeit der Finanzierung zu beurteilen, ermittelt die WHO zunächst die Finanzierungslast für unterschiedliche Haushalte. Diese hängt vom Anteil der Gesundheitsausgaben am Zahlungsvermögen ab. Alle Kosten für Gesundheitsleistungen bzw. für ein Gesundheitssystem, die einem Haushalt zugeordnet werden können, werden durch das Haushaltseinkommen abzüglich der Ausgaben für Nahrung geteilt. Anhand dieser Daten wird dann die Finanzierungsgerechtigkeit beurteilt. Die Finanzierung ist fair, wenn das Verhältnis zwischen den Systembeiträgen und der Zahlungsfähigkeit für Nichtlebensmittel für alle Haushalte – unabhängig vom Einkommen, Gesundheitsniveau und Inanspruchnahme von Gesundheitsleistungen – gleich ist. Kolumbien erreicht einen Index von 0.992 und führt ein entsprechendes Ranking an. Deutschland erreicht einen Index von 0.978 und teilt sich mit Irland den sechsten und siebten Rang.[168]

4.1.2 Gesamtergebnisse

Die WHO fasst die Ergebnisse der beschriebenen fünf Rankings zusammen. Mit dieser Zusammenfassung soll der Grad der Verwirklichung aller fünf Dimensionen für jedes Land beschrieben werden.[169] Eine Befragung von 1006 Personen aus 125 Ländern über die Wichtigkeit der einzelnen Dimensionen bzw. deren Ziele ergab folgende Gewichtung der Einzelergebnisse:

- Gesundheitsniveau der Bevölkerung 25 %,
- Fairness der Verteilung von Gesundheit in der Bevölkerung 25 %,
- Patientensouveränität 12,5 %,
- Soziale Gerechtigkeit 12,5 % und
- Fairness der Finanzierung 25 %.[170]

---

167 World Health Organization (2000), S. 36.
168 Vgl. World Health Organization (2000), S. 35-39; World Health Organization (2000), S. 188.
169 Vgl. World Health Organization (2000), S. 40.
170 Vgl. World Health Organization (2000), S. 39, Box 2.4.

Die Zusammenfassung weißt jedem Staat einen Gesamtindex zu, der den Grad der **Zielerreichung** beurteilt. Auf diese Weise entsteht ein Ranking, das für die 30 erstplatzierten Länder in Tabelle 8 zusammengefasst ist.

Rang	Staat	Index	Rang	Staat	Index
1	Japan	93.4	16	Island	91,0
2	Schweiz	92.2	17	Andorra	91,0
3	Norwegen	92.2	18	Monaco	91,0
4	Schweden	92.0	19	Spanien	91,0
5	Luxemburg	92.0	20	Dänemark	90,9
6	Frankreich	91,9	21	San Marino	90,9
7	Kanada	91,7	22	Finnland	90,8
8	Niederlande	91,6	23	Griechenland	90,5
9	Großbritannien	91,6	24	Israel	90,5
10	Österreich	91,5	25	Irland	90,2
11	Italien	91,4	26	Neuseeland	90,1
12	Australien	91,3	27	Singapur	88,9
13	Belgien	91,3	28	Zypern	88,6
14	**Deutschland**	91,3	29	Slowenien	87,9
15	USA	91,1	30	Tschechische Republik	87,8

Tabelle 8: World Health Report 2000: Gesamtranking der Zielerreichung[171]

Deutschland erreicht in diesem Ranking Platz 14. Besser schneiden Japan, Kanada, Australien und zehn europäische Länder ab.

In einem weiteren Schritt ergänzt die WHO den Vergleich um den Ressourceneinsatz. Damit soll die Leistung der Gesundheitssysteme unter Berücksichtigung der eingesetzten finanziellen Mittel beurteilt werden. Die Begründung für diese Art Vergleich leitet die WHO aus einem Beispiel ab: Die Daten, die für den World Health Report 2000 zur Verfügung standen, weisen Schweden in etwa die doppelte Lebenserwartung im Vergleich mit Uganda bei 35-fachen höheren Pro-

171 Quelle: Eigene Darstellung in Anlehnung an World Health Organization (2000), S. 196.

Kopf-Ausgaben für Gesundheit zu. Im Gegensatz dazu sind die Pro-Kopf-Ausgaben in Pakistan mit denen Ugandas vergleichbar. Die Lebenserwartung in Pakistan ist allerdings um ca. 25 Jahre höher. Zur Beurteilung der relativen Leistung nutzt die WHO eine Skala. Der eine Pol dieser Skala entspricht der maximalen Leistung, die von einem System erreicht werden kann. „This frontier – derived using information from many countries but with a specific value for each country – represents the level of attainment which a health system might achieve, but which no country surpasses."[172] Der andere Pol kennzeichnet das Minimum des zu Erwartenden. Diese Pole sind Funktionen zweier Faktoren: Neben den Ausgaben für das Gesundheitssystem sind es die durchschnittlichen Schuljahre unter der erwachsenen Bevölkerung. Mit der Berücksichtigung dieses Indikators für Humankapital soll dem aktuellen Entwicklungsstand und Potential eines Landes Rechnung getragen werden. Durch den Vergleich der realen Zielerreichung mit dem Potential wird auf die Leistung eines Systems geschlossen. „In economic terms, performance is a measure of efficiency."[173] Auf diese Weise entsteht also ein Ranking, das **Effizienz von Gesundheitssystemen** in Relation setzt.[174]

172 World Health Organization (2000), S. 41.
173 World Health Organization (2000), S. 42.
174 Vgl. World Health Organization (2000), S. 40-44.

Rang	Staat	Index	Rang	Staat	Index
1	Frankreich	0,994	16	Luxemburg	0,928
2	Italien	0,991	17	Niederlande	0,928
3	San Marino	0,988	18	Großbritannien	0,925
4	Andorra	0,982	19	Irland	0,924
5	Malta	0,978	20	Schweiz	0,916
6	Singapur	0,973	21	Belgien	0,915
7	Spanien	0,972	22	Kolumbien	0,910
8	Oman	0,961	23	Schweden	0,908
9	Österreich	0,959	24	Zypern	0,906
10	Japan	0,957	25	**Deutschland**	0,902
11	Norwegen	0,955	26	Saudi Arabien	0,894
12	Portugal	0,945	27	Vereinigte Arabische Emirate	0,886
13	Monaco	0,943	28	Israel	0,884
14	Griechenland	0,933	29	Marokko	0,882
15	Island	0,932	30	Kanada	0,881

Tabelle 9: World Health Report 2000: Gesamtranking der Leistungsfähigkeit[175]

Wie aus Tabelle 9, die das Ranking für die 30 erstplatzierten Länder zusammenfast, ersichtlich, erreicht Deutschland einen Index von 0,902 und damit nur Rang 25. Neben 20 europäischen Gesundheitssystemen wird die Effizienz des singapurischen, omanischen, japanischen und kolumbianischen Gesundheitswesens höher als die Effizienz des deutschen Gesundheitswesens beurteilt.

Ferner soll auf eine weitere Form des Vergleichs der Leistungsfähigkeit hingewiesen werden, die die WHO im World Health Report 2000 durchführt. Vergleichbar zur letztbeschriebenen Vorgehensweise, wurde dabei die **Effizienz von Gesundheitssystemen** beurteilt. Allerdings spielen dabei die Verteilung des Gesundheitsniveaus in der Bevölkerung, die Patientensouveränität, die soziale Gerechtigkeit und die Fairness der Finanzierung keine Rolle. Stattdessen beruht die-

[175] Quelle: Eigene Darstellung in Anlehnung an World Health Organization (2000), S. 200.

se Wertung auf dem durchschnittlichen Gesundheitsniveau bzw. der DALE.[176] Das deutsche Gesundheitswesen schneidet bei diesem Vergleich noch deutlich schlechter ab und erreicht in einem entsprechenden Ranking nur Rang 41.[177] „Methodisch stellt die WHO hier den tatsächlich erreichten Zustand der bei verfügbaren Ressourcen theoretisch bestmöglichen Versorgung gegenüber."[178]

4.1.3 Beurteilung

Mit der Berechnung der DALE berücksichtigt der World Health Report 2000 die Effektivität von Gesundheitssystemen als ein ergebnisorientiertes Element des Vergleiches. Allerdings ist dies die einzige Outcomegröße, obwohl die angepasste Lebenserwartung auch durch Gegebenheiten außerhalb des Gesundheitssystems wie der Kriminalitätsrate, Umweltbelastung, Wasserqualität und sozioökonomischen Aspekte beeinflusst wird.[179] Die Vergleichsdimension Patientensouveränität beinhaltet neben der Kategorie Respekt auch vier Bestandteile der Patientenorientierung.[180] Allerdings ist die Objektivität der Beurteilung in Frage zu stellen. „Responsiveness – in terms of basic values such as respect of persons and client orientation of the health care system – has been assessed by country experts and cannot be viewed directly as an indicator of the state of health care in a particular country."[181] Die Beurteilung der Verteilung von Gesundheit in der Bevölkerung erscheint sinnvoll, birgt aber das Problem, dass die Verteilung an einem Standard gemessen werden muss. Außerdem ist zu berücksichtigen, welche Faktoren relevant sind und welche nicht (z. B. Alter oder Erbleiden).[182] Durch die Dimensionen Fairness der Verteilung der Gesundheit in der Bevölkerung, soziale Gerechtigkeit und Fairness der Finanzierung spielt die Gerechtigkeit der Gesundheitssysteme bei der Beurteilung der Zielerreichung im World Health Report 2000 sogar eine größere Rolle als die Güte: „Together, the levels of health and of responsiveness receive a weight of three-eighths of the total. The three distributional measures, which together describe the equity of the system, account for the remaining five-

---

176 Vgl. World Health Organization (2000), S. 41-42.
177 Vgl. World Health Organization (2000), S. 200.
178 Schölkopf, M. (2010), S. 172.
179 Vgl. Fraser Institute (2008), S. 77-78; für Aussagen zur nicht angepassten Lebenserwartung vgl. Domenighetti, G., Quaglia, J. (2001), S. 11.
180 Vgl. World Health Organization (2000), S. 32.
181 Social and Cultural Planning Office (2004), S. 168.
182 Vgl. Social and Cultural Planning Office (2004), S. 167.

eighths."[183] Die Gewichtung der einzelnen Elemente erfolgte auf Grund von Befragungsergebnissen. Dies betont die Sicht der Leistungsnehmer. Die Gewichtung ist für alle Länder gleich. Damit werden zwar kulturelle Unterschiede bezüglich der Bedürfnisse von Patienten bzw. Versicherten ausgeklammert, die Vergleichbarkeit der Ergebnisse jedoch gewährleistet. Auch die Effizienz ist Teil des Vergleiches: Im letzten Schritt wird die Effizienz anhand der Gesundheitsausgaben, einem Indikator für das Humankapital sowie dem Grad der Zielerreichung in Relation zum Potential eines jeden Systems beurteilt.

Der Systemvergleich des World Health Reports 2000 verzichtet bei der Bewertung der Effizienz bzw. bei der Festlegung der Pole für das maximal bzw. minimal zu erwartende Ergebnis darauf, selbst gravierende Unterschiede zwischen den einzelnen Ländern zu berücksichtigen. In vielen afrikanischen Staaten haben Malaria und HIV bzw. AIDS dramatische Folgen für das Gesundheitsniveau und die Sterblichkeit. „To include their effects in the estimation of the frontier means judging those countries only according to how well they control all other diseases, as though nothing could be done about AIDS and malaria."[184] Gleiches gilt auch für andere schwerwiegende Unterschiede. Damit haben die Ergebnisse zwar weniger Erklärungsgehalt, würde man aber sämtliche Unterschiede in den Vergleich der Effizienz einbeziehen, generierte man nur ähnliche Ergebnisse für jedes Land.[185]

Einige Elemente, die man der Qualität von Gesundheitssystemen zuordnen könnte, fehlen. Z. B. findet die Zugänglichkeit im Sinne einer geografisch und zeitlich angemessenen Versorgungsstruktur, in der Fachkunde und eingesetzte Ressourcen den medizinischen Ansprüchen genügen,[186] keine Beachtung. Bewusst verzichtet die WHO im World Health Report 2000 darauf, strukturelle Daten als Inputvariablen zu nutzen: „Health outcomes have often been assessed in relation to inputs such as the number of doctors or hospital beds per unit of population. This approach indicates what these inputs actually produce, but it tells little about the health system's potential – what it could do if it used the same level of financial

183 World Health Organization (2000), S. 39.
184 World Health Organization (2000), S. 41.
185 Vgl. World Health Organization (2000), S. 41.
186 Vgl. World Health Organization (2006), S. 9.

resources to produce and deploy different numbers and combinations of professionals, buildings, equipment and consumables. In these comparisons, the right measure of resources is money, since that is used to buy all the real inputs."[187] Auch die Sicherheit wird nicht berücksichtigt. Keinerlei prozessbezogene Elemente, die sich mit der Minimierung von Risiken und Schädigungen von Leistungsnehmern beschäftigen, sind Teil des Vergleichs.

Die Untersuchung stützt sich auf Daten, die Ende der Neunzigerjahre des letzten Jahrhunderts erhoben wurden. Es ist zu berücksichtigen, dass sich die Systeme selbst und die medizinischen Möglichkeit seitdem verändert haben. Mit einem Hinweis auf die Kritik des Fritz Beske Instituts – darauf wird im nächsten Abschnitt eingegangen – ist festzustellen, dass die Evaluation für den Vergleich des deutschen Gesundheitswesens mit Systemen anderer Länder wegen methodischer Probleme an Bedeutung verliert. Hauptgrund ist, dass Daten von Ländern außerhalb Westeuropas und Nordamerikas zur Schätzung von Daten für Industrienationen verwendet werden.[188] Die WHO verzichtete bislang auf einen zweiten derart umfangreichen Gesundheitssystemvergleich.[189]

4.1.4 Kritik des Fritz Beske Instituts

In seiner Analyse wertet das Fritz Beske Institut von 100 vorliegenden Stellungnahmen zum World Health Report 2000 30 Arbeiten aus.[190]

An der Berechnung der invaliditätsbereinigten durchschnittlichen Lebenserwartung (DALE) kritisiert das Fritz Beske Institut besonders Datenqualität, Methodik und Repräsentativität der Schätzergebnisse fehlender Daten für einzelne Länder. Da die angepasste Lebenserwartung in den 14 Vergleichsländern eng mit der reinen Lebenserwartung korreliert, wird empfohlen, die durchschnittliche Lebenserwartung bei Geburt für die Beurteilung des Gesundheitsniveaus zu verwenden.[191]

Auch die Vorgehensweise zur Ermittlung der Verteilung des Gesundheitsniveaus wird beanstandet. Grund dafür ist, dass sich die WHO auf Daten zur Kindersterb-

187 World Health Organization (2000), S. 40.
188 Vgl. Fritz Beske Institut für Gesundheits-System-Forschung (2004a), S. 28-55.
189 Vgl. Schölkopf, M. (2010), S. 172.
190 Vgl. Fritz Beske Institut für Gesundheits-System-Forschung (2004a), S. 25.
191 Vgl. Fritz Beske Institut für Gesundheits-System-Forschung (2004a), S. 29-31.

lichkeit in 30 % der untersuchten Länder beschränkt. Westeuropäische Staaten blieben wegen ihrer niedrigen Kindersterblichkeit in den Berechnungen unberücksichtigt. Für mehr als zwei Drittel aller Staaten wurde die Verteilung über Regressionen geschätzt. Das Institut verweist auf den Vorschlag, Gesundheitsunterschiede zwischen niedrigsten und höchsten Einkommensklassen einer Bevölkerung zur Bewertung der Verteilungsgerechtigkeit heranzuziehen.[192]

Auch die Meinungsumfragen zur Ermittlung der Patientensouveränität geben Anlass zu Kritik. Diese sind nur mäßig aussagefähig und repräsentativen Stichproben klar unterlegen. Andere Autoren kommen zu abweichenden Ergebnissen. Außerdem wird auch vom Fritz Beske Institut – wie schon bei der Beurteilung des World Health Report 2000 – kritisiert, dass der Zugang der Bevölkerung zu medizinischer Versorgung nicht berücksichtigt wird. Die Umfragen, die ausschließlich außerhalb Westeuropas und Nordamerikas durchgeführt wurden, sind zudem nicht auf Industrieländer übertragbar und aus statistischer und methodischer Sicht zweifelhaft.[193]

Die gleiche Kritik zur Methodik und Vorgehensweise übt das Fritz Beske Institut auch bei der Beurteilung der sozialen Gerechtigkeit, die durch die gleichen Umfragen erfasst wurde. Inhaltlich wird auch an dieser Stelle bemängelt, dass der Zugang der Bevölkerung zu medizinischen Leistungen und damit die Verteilungsgerechtigkeit nicht berücksichtigt werden.[194]

Auch die Methodik zur Beurteilung der Fairness der Finanzierung bleibt nicht ohne Kritik. Der WHO hätten nur für 21 der 191 berücksichtigten Länder geeignete Haushaltsdaten vorgelegen. Für knapp 90 % der Staaten mussten Regressionen vorgenommen werden. Damit ist Repräsentativität keinesfalls gegeben. Inhaltlich wird kritisiert, dass ein System auch als unfair gilt, wenn Beiträge progressiv erhoben werden bzw. im Allgemeinen, wenn durch das System Einkommen zu Gunsten der ärmeren Bevölkerung umverteilt wird. Dabei muss beachtet werden, dass sich die Berechnungen auf das Haushaltseinkommen bezieht, das nicht für Lebensmittel verwendet wird bzw. werden muss. Aber auch die Definition des

---

192 Vgl. Fritz Beske Institut für Gesundheits-System-Forschung (2004a), S. 32-34.
193 Vgl. Fritz Beske Institut für Gesundheits-System-Forschung (2004a), S. 34-37.
194 Vgl. Fritz Beske Institut für Gesundheits-System-Forschung (2004a), S. 38-39.

verfügbaren Einkommens wird beanstandet. Ein weiterer wesentlicher Kritikpunkt ist, dass unberücksichtigt bleibt, in welchem Umfang Patienten bzw. Versicherte das Gesundheitssystem in Anspruch nehmen können.[195]

Zur Gesamtzielerreichung, die mit Hilfe der fünf Dimensionen ermittelt wird, führt das Fritz Beske Institut weitere Kritikpunkte an. Wie schon bei der Beurteilung des World Health Reports 2000 im Zuge dieser Arbeit weist auch das Institut darauf hin, dass die einheitliche Gewichtung der fünf Dimensionen für alle Länder den unterschiedlichen Auffassungen bezüglich deren Wichtigkeit in den verschiedenen Staaten nicht gerecht wird. Ferner sind die Dimensionen zu heterogen, um sie als Gesamtindikator für eine Rangordnung zu nutzen. Es existierten Probleme bei der Datenerhebung und Repräsentativität. Die Werte für die einzelnen Gewichte sind stark von der Auswahl der Länder zur Bestimmung der relativen Anteile abhängig. Auch die Methode der Aggregation der Einzelergebnisse steht in der Kritik. Neben der gewichteten Summe könnten auch andere Formen in Frage kommen.[196]

An der Berechnung der Gesamtleistungsfähigkeit von Gesundheitssystemen zur Beurteilung der Effizienz bemängelt das Fritz Beske Institut, „dass die von der WHO ermittelten Ausgabengrößen die Unterschiede zwischen nationalen Gesundheitssystemen nicht oder nur ungenügend berücksichtigen."[197] Die Pro-Kopf-Ausgaben sind aufgrund der unterschiedlichen Berücksichtigung des Leistungsumfangs nicht vergleichbar. Ein weiterer Kritikpunkt: Außer dem Ausbildungsniveau, gemessen anhand von Schuljahren, werden keine weiteren Einflussfaktoren berücksichtigt. Das Institut verweist auf die Relevanz der Umwelt- und Lebensqualität. Zudem ist die Anwendung von Produktionsgrenzen (Maximum und Minimum der zu erwartenden Leistung eines Systems) als theoretisches Konstrukt der Mikroökonomie im Bereich von Gesundheitssystemen problematisch. Nicht geklärt ist auch die Frage nach der optimalen Höhe von Gesundheitsausgaben. Schließlich kann man mit dem Einsatz höherer finanzieller Mittel das Gesundheitsniveau steigern, das System aber kann dadurch ineffizienter werden.

---

195 Vgl. Fritz Beske Institut für Gesundheits-System-Forschung (2004a), S. 39-41.
196 Vgl. Fritz Beske Institut für Gesundheits-System-Forschung (2004a), S. 41-44.
197 Fritz Beske Institut für Gesundheits-System-Forschung (2004a), S. 47.

Auch die Heterogenität der einzelnen Dimensionen und der Mangel an validen Daten bleibt nicht ohne Kritik.[198]

Das Institut kommt zu dem Schluss, dass die im World Health Report 2000 aufgestellte Rangordnung unhaltbar ist. Noch weiter geht die Aussage, dass Gesundheitssysteme zu komplex, Leistungskataloge zu verschieden und Umfang sowie Qualität der medizinischen Versorgung, besonders aber der Erfolg der Versorgung zu schwer messbar sind und deshalb nicht miteinander verglichen werden können. Deshalb soll ein Gesundheitssystemvergleich keine abschließende Rangordnung generieren, sondern sich auf eine Auswahl von Vergleichssystemen beschränken und ausgewählte Themen behandeln statt den Vergleich ganzer Systeme anzustreben.[199]

4.2 Analyse von Domenighetti und Quaglia

Die „Analyse der Leistungsfähigkeit des schweizerischen Gesundheitswesens im internationalen Vergleich“ von Domenighetti und Quaglia aus dem Jahr 2001 stellt dem schweizerischen System Gesundheitssysteme von 15 Industrienationen Westeuropas, im Einzelnen von Deutschland, Belgien, Dänemark, Finnland, Frankreich, Griechenland, Großbritannien, Irland, Italien, den Niederlanden, Norwegen, Österreich, Portugal, Schweden, der Schweiz und Spanien, gegenüber. Die Daten für den Vergleich stammen vornehmlich von der OECD, WHO und der Welternährungsorganisation (WFO).[200]

4.2.1 Vergleichsdimensionen

Die Autoren vergleichen zunächst die **Gesundheitskosten** pro Einwohner. Dazu dienen Daten der OECD aus dem Jahr 1998. Die Gesundheitskosten pro Einwohner waren in der Schweiz mit 2.794 kaufkraftbereinigten US-Dollar am höchsten. Nach Finnland entfielen auf Deutschland die dritthöchsten Kosten im Vergleich. Genaue Angaben über die Höhe der Ausgaben in Deutschland können anhand der vorliegenden Analyse nicht getroffen werden, da die Daten lediglich einer Grafik

---

198 Vgl. Fritz Beske Institut für Gesundheits-System-Forschung (2004a), S. 44-49.
199 Vgl. Fritz Beske Institut für Gesundheits-System-Forschung (2004a), S. 49-52.
200 Vgl. Domenighetti, G., Quaglia, J. (2001), S. 9-10.

entnommen werden können. Ein Abgleich mit Primärdaten der OECD[201] ergab zudem Abweichungen. Korrelationen zwischen dem Kostenniveau einerseits und verfügbaren Einrichtungen sowie durchgeführten Verfahren andererseits lassen vermuten, dass höhere Gesundheitsausgaben mit einer größeren Anzahl an Akutbetten, längerer Krankenhausaufenthaltsdauer, einer größeren Zahl an komplexen technischen Einrichtungen und mit einer höheren Anzahl an Koronarbypässen und Angioplastien im Verhältnis zur Einwohnerzahl zusammenhängen. Ein hohes Kostenniveau bestand besonders bei Systemen ohne weitgehende Steuerfinanzierung. Kein signifikanter Zusammenhang bestand zwischen den Kosten und der Zahl praktizierender Ärzte. Systeme, die ihre Ärzte pro Leistung bezahlten, wiesen tendenziell höhere Kosten auf, als Systeme, die Ärzte pro Kopf bezahlten.[202]

Den Kosten werden verschiedene **Outcomegrößen** gegenübergestellt. Bei der durch medizinische Interventionen vermeidbaren Sterblichkeit geht es „vor allem um eine Liste von Krankheiten, bei denen der Tod durch die rechtzeitige Anwendung einer angemessenen medizinischen Behandlung vermieden oder zumindest deutlich hinausgeschoben werden könnte.“[203] Berücksichtigt werden Diagnosen, die in den 16 Vergleichsländern als spezifische Todesursachen identifiziert wurden: Lungenentzündung, Uterushalskrebs, Tuberkulose, Hodgkin'sche Krankheit, Blinddarmentzündung, Hypertonie, chronische Leberkrankheit und Zirrhose, ischämische Kardiopathien und chronischer Herzrheumatismus. Durch Gruppierung werden zwei Indikatoren gebildet. Der erste umfasst alle genannten vermeidbaren Todesursachen mit Ausnahme der ischämischen Kardiopathien, der zweite auch diese. Zusätzlich werden die Müttersterblichkeit und perinatale Sterblichkeit sowie die subjektive Zufriedenheit mit dem eigenen Gesundheitssystem berücksichtigt. Die Autoren nutzen Korrelationen zwischen diesen Indikatoren und den Gesundheitskosten, der Ärztedichte sowie der Verfügbarkeit von Akutbetten, um Aussagen über Zusammenhänge in den Gesundheitssystemen der Vergleichsländer zu treffen. Die perinatale Sterblichkeit für das Jahr 1997 ist unabhängig von der Ärztedichte und insignifikant negativ mit den Gesundheitskosten korreliert. Die Müttersterblichkeit und die durch medizinische Intervention ver-

[201] Vgl. Organisation for Economic Co-operation and Development (2010).
[202] Vgl. Domenighetti, G., Quaglia, J. (2001), S. 10-11.
[203] Domenighetti, G., Quaglia, J. (2001), S. 12.

meidbare Sterblichkeit sind weder mit den Gesundheitskosten noch mit der Zahl der Akutbetten korreliert, mit der Ärztedichte aber negativ korreliert. Die Zufriedenheit steigt mit zunehmenden Kosten bis zu einem Grenzwert. Ist dieser erreicht, tendiert die Korrelation negativ zu sein.[204]

4.2.2 Gesamtergebnisse

Durch die zusammenfassende Analyse der Leistungsindikatoren in Abhängigkeit der Gesundheitskosten je Einwohner ziehen Domenighetti und Quaglia Schlussfolgerungen in Bezug auf die **Effizienz** der Gesundheitssysteme. Dafür erstellen sie eine grafische Darstellung, die alle Werte der Leistungsindikatoren auf Basis einer normierten Skala berücksichtigt. Der Wert 10 weist auf die höchste, der Wert 0 auf die geringste Leistungsfähigkeit im Vergleich zu den übrigen Ländern hin. Abbildung 6 gibt einen Überblick.

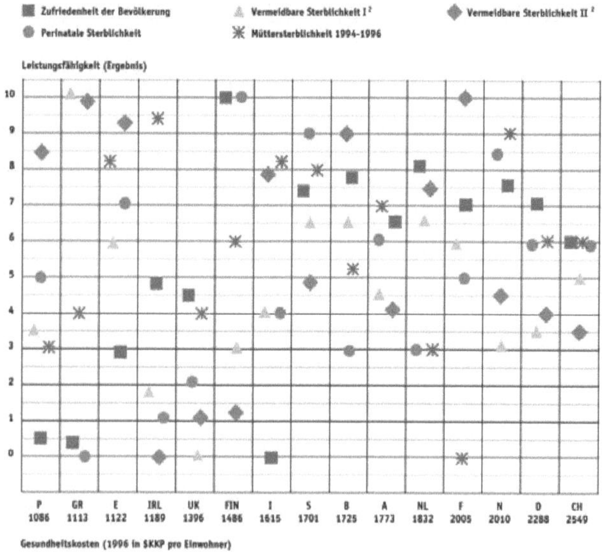

Abbildung 6: Domenighetti und Quaglia: Leistungsindikatoren und Ausgaben[205]

---

[204] Vgl. Domenighetti, G., Quaglia, J. (2001), S. 11-12.

[205] Quelle: Domenighetti, G., Quaglia, J. (2001), S. 13.

Anhand dieser Daten gelangen die Autoren zu folgenden Ergebnissen: Bis zur Schwelle von 1.700 kaufkraftbereinigten US-Dollar verbessern sich die Werte für die Indikatoren mit steigendem Kostenniveau, darüber ist keine positive Korrelation feststellbar. Schweden und Belgien hatten scheinbar die leistungsfähigsten Gesundheitssysteme, denn sie weisen bei ca. 1.700 kaufkraftbereinigten US-Dollar „die besten Gruppierungen der Indikatoren im oberen Bereich der Skala auf.“[206] Großbritannien hatte dagegen das am wenigsten leistungsfähige Gesundheitssystem unter den Vergleichsländern. Schweden, die Niederlande und Belgien verfügten scheinbar mit halb so hohen Ausgaben pro Kopf wie die Schweiz über ein leistungsfähigeres System. Auch das spanische Gesundheitssystem scheint mit Kosten von lediglich 1.122 kaufkraftbereinigten US-Dollar pro Einwohner dem schweizerischen, bis auf die Zufriedenheit, überlegen gewesen zu sein. Ferner ist die Korrelation zwischen den Gesundheitsindikatoren und der Zufriedenheit in südeuropäischen Ländern stark negativ. Dies weist auf Probleme bei der Organisation der Systeme in Bezug auf den wahrgenommenen Komfort hin. Abschließend betonen die Autoren, dass das schweizerische Gesundheitssystem nicht als leistungsfähig gelten kann, wenn andere Systeme mit halben Kosten je Einwohner bessere Resultate erzielen.[207]

4.2.3 Beurteilung

Domenighetti und Quaglia verzichten bewusst darauf, die Lebenserwartung für den Vergleich von Gesundheitssystemen heranzuziehen, da der relative Beitrag des Gesundheitssystems zur Lebenserwartung (insbesondere bei einer Lebenserwartung von 70 bis 75 Jahren) auf etwa 10-15 % geschätzt wird. Sozioökonomischen Aspekten bzw. den daraus entstehenden Lebensweisen werden dagegen 40-50 %, dem ökologischen Umfeld 20 % und der Genetik 20-30 % zugeschrieben.[208] Da die hauptsächliche Wirkung der Gesundheitssysteme wiederherstellender Natur ist, wird die durch medizinische Maßnahmen vermeidbare Sterblichkeit als Indikator herangezogen.[209] Allerdings bleibt unklar, warum gerade die zehn ausgewählten Todesursachen berücksichtigt werden, und warum zwei Indikatoren

206 Domenighetti, G., Quaglia, J. (2001), S. 13.
207 Vgl. Domenighetti, G., Quaglia, J. (2001), S. 12-13.
208 Vgl. Domenighetti, G., Quaglia, J. (2001), S. 11.
209 Vgl. Domenighetti, G., Quaglia, J. (2001), S. 12.

– ein Indikator mit allen Todesursachen, der andere mit allen bis auf eine – verwendet werden, warum also eine Todesursache bei einem der Indikatoren ausgeschlossen wird. Bei der Beurteilung der Gesundheitssysteme anhand der Gegenüberstellung der Indikatoren verwenden die Autoren keinerlei Gewichtung. Stattdessen bewerten sie lediglich die Positionierung einzelner Indikatoren oder von Gruppierungen der Indikatoren.

Mit Hilfe der beiden Indikatoren, die die vermeidbare Sterblichkeit erfassen sollen, der perinatalen und der Müttersterblichkeit, wird die Effektivität der Gesundheitssysteme abgebildet. Eine Effizienzbetrachtung findet nur im Zuge der Gegenüberstellung der Gesundheitskosten pro Kopf und der übrigen Indikatoren satt. Diese werden allerdings nicht gewichtet, die Gegenüberstellung nicht näher beschrieben, sondern nur grafisch dargestellt. Durch die Berücksichtigung der subjektiven Zufriedenheit der Bevölkerung wird der Patientenorientierung Rechnung getragen. Nicht berücksichtigt wird die Gerechtigkeit der Versorgung. Die Ärztedichte und Dichte an Akutbetten wird lediglich für Aussagen über Zusammenhänge bzw. Korrelationen genutzt, für den Vergleich der Zugänglichkeit bzw. Versorgungsstruktur jedoch nicht. Auch Sicherheit und Gerechtigkeitsaspekte werden nicht erfasst. Der vorliegende Vergleich analysiert also vornehmlich die Effektivität und Effizienz von Gesundheitssystemen.

Hier stellt sich die Frage, ob die Ergebnisse der Analyse überhaupt aussagekräftig für das deutsche Gesundheitswesen sind. Bei der Beurteilung der Effizienz der Systeme anhand der Gegenüberstellung von Kosten pro Kopf und den anderen Indikatoren steht besonders das schweizerische Gesundheitssystem im Mittelpunkt. Da die Ausgaben je Einwohner in der Schweiz mit 2.549 kaufkraftbereinigten US-Dollar und in Deutschland mit 2.288 kaufkraftbereinigten US-Dollar im Vergleichsjahr 1996 ähnlich hoch waren und sich auch die Ergebnisse der übrigen Indikatoren ähneln,[210] sind die Aussagen über das schweizerische Gesundheitssystem – unabhängig von den angesprochenen methodischen Problemen – zumindest tendenziell auf das deutsche System übertragbar. Demnach wäre das deutsche Gesundheitswesen im Sinne dieses Vergleichs als wenig leistungsfähig

210 Vgl. Domenighetti, G., Quaglia, J. (2001), S. 13.

bzw. effizient einzustufen. Abschließend ist darauf hinzuweisen, dass für die Analyse vornehmlich Daten aus den Jahren 1996 und 1998 genutzt wurden. Die Ergebnisse können nicht als aktuell eingestuft werden.

4.3 Untersuchung des Fritz Beske Instituts

Das Fritz Beske Institut für Gesundheits-System-Forschung veröffentlichte 2004 die Untersuchung „Das Gesundheitswesen in Deutschland im internationalen Vergleich – Eine Antwort auf die Kritik – Weniger behaupten mehr wissen“. Motivation war das schlechte Abschneiden des Deutschen Gesundheitssystems im schon vorgestellten World Health Report 2000 der WHO und bei Untersuchungen der OECD. Das deutsche Gesundheitswesen wird mit Systemen in 13 hoch industrialisierten Staaten verglichen. Anhand dieser Vergleichsländer analysiert das Institut zunächst den World Health Report 2000 kritisch, bevor eigene Ergebnisse präsentiert werden. Diese Kritik wurde in Kapitel 4.1.4 thematisiert.

4.3.1 Vergleichsdimensionen

Für einen eigenen Vergleich des deutschen Gesundheitswesens wählt das Fritz Beske Institut 13 Vergleichsländer. Berücksichtigt werden zum einen hochindustrialisierte Länder und zum anderen Nachbarn: Australien, Belgien, Dänemark, Frankreich, Großbritannien, Italien, Japan, Kanada, Niederlande, Österreich, Schweden, Schweiz und die USA.[211] Die für den Systemvergleich herangezogenen Bereiche und die dafür verwendeten Indikatoren sind in Abbildung 7 dargestellt.

[211] Vgl. Fritz Beske Institut für Gesundheits-System-Forschung (2004a), S. 26.

Abbildung 7: Fritz Beske Institut: Bereiche und Indikatoren[212]

Erster Vergleichsgegenstand ist die **Finanzierung** der Systeme. In Deutschland, Frankreich, Japan und den Niederlanden wurde das Gesundheitssystem zu weniger als 10 % aus Steuern finanziert. Die Mittel wurden größtenteils von Sozialversicherungen und durch Zuzahlungen bereitgestellt. Die Daten zum Steuerfinanzierungsanteil stammen je nach Land aus den Jahren 1999 bis 2002. Mit Hilfe von Daten aus demselben Zeitraum werden auch die Pro-Kopf-Ausgaben berechnet. Deutschland liegt mit 3.566 Euro pro Kopf über dem Durchschnitt und bestritt nach der Schweiz, den USA, Schweden und Dänemark die höchsten Ausgaben. Um die Ausgaben besser vergleichbar zu machen, werden Kaufkraftstandards verwendet, die Preisniveauunterschiede und Wechselkursschwankungen zwischen den Staaten nivellieren sollen. Die Streuung ist bei dieser Berechnung geringer und Deutschland hatte die dritthöchsten Ausgaben pro Kopf hinter den USA und der Schweiz. In einem weiteren Schritt stellt das Institut die Ausgaben für Gesundheit dem Bruttoinlandsprodukt (BIP) der einzelnen Länder gegenüber. Deutschland und Schweden gaben mit 14,2 % den größten Anteil am BIP für das Gesundheitssystem aus. Dabei wird angemerkt, dass die deutsche Wiedervereinigung diesen Anteil erhöht hat. Es muss allerdings beachtet werden, dass das Fritz Beske Institut für die Begründung dieser Aussage nur Daten bis 1998 heranzieht. Zusammenfassend stellt das Institut fest, dass die „über dem Durchschnitt liegenden Pro-Kopf-Ausgaben in Deutschland [..] auf eine umfassende medizinische

[212] Quelle: Eigene Darstellung in Anlehnung an Fritz Beske Institut für Gesundheits-System-Forschung (2004a), S. 103-137.

Versorgung zurückzuführen [sind], z. B. praktisch keine Wartezeiten und eine hohe Ärztedichte."[213] Ausschlaggebend für die Ausgaben seien Umfang und Qualität der medizinischen Versorgung und der Geldtransfer in den jeweiligen Gesundheitssystemen.[214]

Zur Beurteilung der Leistungsfähigkeit von Gesundheitssystemen muss neben der Ausgaben- auch die Leistungsseite berücksichtigt werden. Das Fritz Beske Institut führt verschiedene Indikatoren aus dem Bereich der Gesundheitsversorgung an, die einen Eindruck vom Leistungsumfang und der Qualität der Gesundheitssysteme geben sollen.[215]

Im Bereich der **Lebenserwartung** werden vier Indikatoren unterschieden. Die Lebenserwartung bei Geburt wird besonders in hochindustrialisierten Staaten, in denen Umweltbedingungen wie beispielsweise Ernährung und Hygiene im Vergleich zu Entwicklungsländern einen geringen Einfluss auf die Lebenserwartung haben, durch Umfang und Qualität der Gesundheitsversorgung beeinflusst. 2001 lag die Lebenserwartung in Deutschland mit 81,1 Jahren bei Frauen und 75,1 Jahren bei Männern etwa ein halbes Jahr unter dem Durchschnitt aller 14 Vergleichsländer. Daten zur Lebenserwartung im 65. Lebensjahr, die je nach Vergleichsland aus den Jahren 1997 bis 2000 stammen, zeigen ein ähnliches Bild: Die fernere Lebenserwartung lag in Deutschland mit 19,2 Jahren bei Frauen und 15,5 Jahren bei Männern rund ein halbes Jahr unter dem Durchschnitt aller 14 Vergleichsländer. Die Sterblichkeit im ersten Lebensjahr ist „ein sensibler Indikator für die Lebenssituation einer Bevölkerung und die Leistungsfähigkeit eines Gesundheitssystems."[216] Mit Hilfe von Daten aus den Jahren 1997 bis 2000 stellt das Fritz Beske Institut fest, dass die Säuglingssterblichkeit in Deutschland mit 4,5‰ unter dem Durchschnitt aller Vergleichsländer (4,9‰) lag. Auch die Müttersterblichkeit war in Deutschland geringer als im Durchschnitt. Das Fritz Beske Institut verweist auf Daten aus den Jahren 1996 bis 2001, die eine durchschnittliche Sterblichkeit von 6,1 Todesfällen je 100.000 Lebendgeburten ausweisen. Für Deutschland lag diese Zahl bei 5,6. Zusammenfassend stellt das Institut fest, dass sich aus der Lebens-

213 Fritz Beske Institut für Gesundheits-System-Forschung (2004a), S. 109.
214 Vgl. Fritz Beske Institut für Gesundheits-System-Forschung (2004a), S. 103-109.
215 Vgl. Fritz Beske Institut für Gesundheits-System-Forschung (2004a), S. 109-110.
216 Fritz Beske Institut für Gesundheits-System-Forschung (2004a), S. 113.

erwartung, der ferneren Lebenserwartung, der Säuglings- und Müttersterblichkeit keinesfalls eine unterdurchschnittliche oder mittelmäßige Leistungsfähigkeit der medizinischen Versorgung in Deutschland folgern lässt.[217]

Der dritte Bereich des Vergleichs beschäftigt sich mit dem **Personal** in den jeweiligen Gesundheitssystemen. Das Institut unterstellt einen positiven Zusammenhang zwischen dem qualifizierten Fachpersonal und der Qualität der Gesundheitsversorgung. Trotz Unterschiede in Ausbildung, Arbeitszeit, Arbeitsbedingungen und medizinisch-technischer Ausstattung zwischen den Vergleichsländern kann aus der Zahl der Fachkräfte auf die Leistungsfähigkeit eines Systems geschlossen werden. Je mehr Fachpersonal, desto qualifizierter die Versorgung, kürzer die Wartezeiten und tendenziell höher die Behandlungszeit pro Patient. Eine gewisse Anzahl an qualifiziertem Personal ist zudem Voraussetzung für eine flächendeckende medizinische Versorgung. Die Ärztedichte ist der erste Indikator dieses Bereichs. 2001 lag die Zahl der berufstätigen Ärzte in Deutschland bei 3,3 pro 1.000 Einwohner und damit über dem Durchschnitt von 3,0 Ärzten. Auch die Facharztdichte wird vom Fritz Beske Institut verglichen. Deutschland wies mit 2,2 Fachärzten pro 1.000 Einwohner neben Schweden und Dänemark den höchsten Wert für diesen Indikator auf. Die Daten für diesen Vergleich stammen aus den Jahren 1998 bis 2001. Auch die Arztkontakte pro Jahr – je nach Vergleichsland aus den Jahren 1996 bis 2001 – dienen dem Institut als Indikator. Mit 6,5 Kontakten pro Jahr und Patient lag Deutschland unter dem Durchschnitt von 6,9. Allerdings betont das Institut, dass „aus der Zahl der Arztkontakte [..] keine Schlussfolgerungen auf die Leistungsfähigkeit eines Gesundheitssystems gezogen werden [können].“[218] Die Anzahl berufstätiger Zahnärzte lag in Deutschland im Jahr 2001 bei 0,8 pro 1.000 Einwohner. Nur Schweden und Dänemark wiesen bei dem Vergleich, für den Zahlen aus den Jahren 1998 bis 2001 verwendet wurden, eine höhere Zahnarztdichte (0,9 pro 1.000 Einwohner) auf. Auch in Bezug auf die Anzahl der Pflegekräfte lag Deutschland mit 9,7 Pflegepersonen pro 1.000 Einwohner über dem Durchschnitt von 9,2 Pflegepersonen. Für den Vergleich nutzt das Institut Daten aus den Jahren 1996 bis 2002. „Tendenziell steigt die Qualität der pflegerischen Versorgung, je mehr qualifizierte Pflegepersonen im Gesund-

---

217 Vgl. Fritz Beske Institut für Gesundheits-System-Forschung (2004a), S.110-115.
218 Fritz Beske Institut für Gesundheits-System-Forschung (2004a), S. 119.

heitswesen tätig sind."[219]Zusammenfassend bescheinigt das Fritz Beske Institut dem deutschen Gesundheitswesen eine prinzipiell leistungsfähige Strukturqualität, die die Grundlage für eine hohe Leistungsfähigkeit sein kann. „Geringe Wartezeiten bei ambulanter und stationärer Behandlung z. B. sind ein Ergebnis dieser Strukturqualität."[220] Unbeantwortet bleibt jedoch die Frage nach der optimalen Personaldichte. Die Struktur und Höhe der verfügbaren Finanzmittel für ein Gesundheitssystem, die Qualität des Fachpersonals und die Form des Personaleinsatzes wirkten sich maßgeblich auf das Ergebnis der Strukturqualität aus.[221]

Die **Krankenhausversorgung** ist Gegenstand des vierten Bereichs bei der Evaluation der 14 Gesundheitssysteme. Das Fritz Beske Institut konstatiert, dass die Leistungsfähigkeit bzw. das Niveau der Infrastruktur für die Krankenhausversorgung zum größten Teil von der Bettenzahl, der Verweildauer sowie dem Umfang und der Qualifikation des Personals abhängt. Eine integrative Betrachtung dieser Faktoren sei im Zuge eines internationalen Vergleichs jedoch nahezu unmöglich. Letztendlich sei die Ergebnisqualität der Krankenhausversorgung ausschlaggebend. Das Institut verweist auf Daten aus den Jahren 1997 bis 2001, die für Deutschland eine Bettendichte von 6,3 Krankenhausbetten je 1.000 Einwohner feststellen. Nur in Frankreich war mit 6,3 Betten pro 1.000 Einwohner eine höhere Dichte zu finden. Zum Vergleich der Verweildauer bezieht sich das Institut auf Zahlen aus den Jahren 1999 bis 2001. Mit 9,3 Tagen hatte Deutschland die höchste Krankenhausverweildauer unter den 14 Vergleichsländern und lag 2,2 Tage über dem Durchschnitt. Das Fritz Beske Institut bezieht sich auch auf Daten aus den Jahren 1996 bis 2001, die die Bettenauslastung verfügbarer Krankenhäuser in den einzelnen Ländern gegenüberstellen. Mit einer Quote von 80,1 % lag Deutschland über dem Durchschnitt von 77,2 %. Zusammenfassend stellt das Institut fest, dass es in Deutschland – im Gegensatz zu anderen Ländern wie Frankreich oder Großbritannien – kaum Engpässe in der Krankenhausversorgung gibt. Auch eine wohnortnahe stationäre Versorgung ist gewährleistet.[222]

[219] Fritz Beske Institut für Gesundheits-System-Forschung (2004a), S. 121.
[220] Fritz Beske Institut für Gesundheits-System-Forschung (2004a), S. 122.
[221] Vgl. Fritz Beske Institut für Gesundheits-System-Forschung (2004a), S. 115-122.
[222] Vgl. Fritz Beske Institut für Gesundheits-System-Forschung (2004a), S. 122-126.

Das Fritz Beske Institut nutzt auch Indikatoren, die sich mit **Wartezeiten** beschäftigen, zum Vergleich der 14 Gesundheitssysteme. Damit ist nicht die Wartezeit in einer Praxis oder in einem Krankenhaus, sondern die Wartezeit auf einen Termin bei einem ambulant behandelnden Arzt oder auf einen Krankenhaustermin gemeint. Die Wartezeit gehört zu den qualitativen Merkmalen eines Gesundheitssystems. Das Institut stellt fest, dass die freie Arztwahl und das dichte Netz niedergelassener Haus- und Fachärzte begünstigen, dass es in der Bundesrepublik kaum nennenswerte Wartezeiten gibt. In Ländern mit fachärztlicher Versorgung, die vornehmlich im Krankenhaus konzentriert ist, ist der direkte Zugang oft mit Hürden verbunden. Aus Haushaltsdaten, die aus den Jahren 1999 bis 2002 stammen, gewinnt das Institut die Erkenntnis, dass in acht Ländern Wartezeiten existierten, in sechs Ländern nicht. Zu letzteren gehört demnach auch Deutschland. Zur Einschätzung der Situation in den Vergleichsländern bezieht sich das Fritz Beske Institut zusätzlich auf eine Befragung der WHO zu Wartezeiten in 16 Staaten im Jahr 2001. Ergebnis dieses Vergleichs sind Werte zur Zufriedenheit in Bezug auf Wartezeiten. Deutschland nimmt in diesem Vergleich, der zehn der 14 Vergleichsländer berücksichtigt, den Spitzenplatz ein. In der Bundesrepublik waren „Patienten äußerst zufrieden in Bezug auf die Wartezeit [..], da die Werte für Deutschland weit überdurchschnittlich gut ausfallen.“[223] Unter Berufung auf die OECD stellt das Institut außerdem fest, dass in Deutschland und Frankreich Wartezeiten kein Gegenstand der gesundheitspolitischen Diskussion sind und auch der Wertschätzung des Gesundheitssystems nicht schaden. Allerdings wird auch darauf verwiesen, dass es – meist für hochspezialisierte Leistungen, wie die Herzchirurgie – durchaus Wartezeiten gibt.[224]

Auch eine allgemeine Meinungsumfrage zur **Zufriedenheit** wird zur Beurteilung herangezogen. Das Fritz Beske Institut beruft sich auf eine Umfrage aus dem Jahr 1996 in den EU-15-Ländern und stellt fest, dass Deutschland im Vergleich mit dem siebten Rang ein nur mittelmäßiges Ergebnis erzielte. Allerdings wird darauf hingewiesen, dass es sich hierbei um eine subjektive Beurteilung handelt, da von

223 Fritz Beske Institut für Gesundheits-System-Forschung (2004a), S. 130.
224 Vgl. Fritz Beske Institut für Gesundheits-System-Forschung (2004a), S. 126-132.

umfassender Kenntnis oder persönlicher Erfahrung mit Gesundheitssystemen aller Vergleichsländer nicht ausgegangen werden kann.[225]

Zur Beurteilung der Effektivität zieht das Fritz Beske Institut **Mortalitätsraten** der OECD heran. Es muss beachtet werden, dass in den Vergleichsländern durchaus unterschiedliche Situationen bezüglich Diagnose, Informationslage zu Obduktionsbefunden und Obduktionsraten bestehen. Das Institut verweist auf einen breiten Vergleich über 29 verschiedene Krankheiten, um der Unredlichkeit entgegenzuwirken, „gezielt die Mortalität von solchen Krankheiten herauszugreifen, bei denen Deutschland eher schlecht abschneidet mit dem Ziel, die Unzulänglichkeit des deutschen Gesundheitssystems zu beweisen, eine Vorgehensweise, die sich in Deutschland eingebürgert hat."[226] Je nach Krankheit lag Deutschland in diesem Vergleich der OECD aus dem Jahr 2003 am Ende, im Mittel oder an der Spitze der Skala. Mit diesen Ergebnissen können keine Schlüsse bezüglich der Leistungsfähigkeit des deutschen Gesundheitswesens gezogen werden. Bestenfalls werden Verbesserungsmöglichkeiten für einzelne Diagnosen deutlich.[227]

4.3.2 Gesamtergebnisse

In der zusammenfassenden Bewertung bezieht sich das Fritz Beske Institut zunächst auf den World Health Report 2000: Die Rangordnung der WHO ist nach Auffassung des Instituts wissenschaftlich unhaltbar. Die Ergebnisse des eigenen Vergleichs mit 13 anderen Industrienationen weisen Deutschland je nach Indikator unterschiedliche Plätze in den jeweiligen Rangordnungen zu. Es besteht keine Konstanz in der Rangordnung und damit ist eine eindeutige, vergleichende Bewertung verschiedener Systeme nicht möglich. Die Frage nach der Qualität der Gesundheitsversorgung in Deutschland ist damit nicht abschließend zu beantworten. Dennoch äußert sich das Institut in einer Schlussfolgerung zu einigen Aspekten: Die Diskussion über das Gesundheitssystem wird in Deutschland kritischer geführt als in anderen hoch entwickelten Ländern. Gegenstand der Diskussion sind Über-, Unter und Fehlversorgung bzw. Qualitätsmängel in verschiedenen Bereichen der Versorgung. Vorwürfe bezüglich einer zu hohen Sterblichkeit sind

[225] Vgl. Fritz Beske Institut für Gesundheits-System-Forschung (2004a), S. 132-133.
[226] Fritz Beske Institut für Gesundheits-System-Forschung (2004a), S. 134-135.
[227] Vgl. Fritz Beske Institut für Gesundheits-System-Forschung (2004a), S. 134-137.

nach Ansicht des Instituts unbegründet. Werden die ökonomischen Einflüsse der Wiedervereinigung berücksichtigt, sinken auch die Pro-Kopf-Ausgaben für Gesundheit und der Anteil am BIP. Zudem hat Deutschland einen umfangreichen Leistungskatalog und erbringt hohe Transferleistungen. Die Lebenserwartung bei Geburt und die Lebenserwartung im 65. Lebensjahr unterschritten den Durchschnitt aller Vergleichsländer nur geringfügig, die Säuglings- und Müttersterblichkeit war geringer als im Durchschnitt. Deutschland erfüllt mit einer überdurchschnittlich großen Anzahl an Ärzten, Fach- und Zahnärzten sowie Pflegekräften die Voraussetzungen für eine leistungsstarke Strukturqualität. Ausdruck dafür ist nach Auffassung des Fritz Beske Instituts das beinahe vollkommene Fehlen von Wartezeiten.[228]

4.3.3 Beurteilung

Das Fritz Beske Institut leistet sicherlich – nicht zuletzt durch die Kritik an der Vorgehensweise des World Health Report 2000 – einen Anstoß zur Verbesserung der Methodik bei Gesundheitssystemvergleichen. Außerdem fordert das Institut belastbares Datenmaterial und eindeutige Definitionen, eine wissenschaftliche Begründung und Seriosität in der gesundheitspolitischen Diskussion sowie den Ausbau der Versorgungsforschung und der Public Health Forschung in Deutschland als Grundlage für jeden Vergleich und damit für eine qualifizierte Weiterentwicklung des deutschen Gesundheitssystems.[229]

Die Ärztedichte, Facharztdichte, Zahnarztdichte und die Dichte an Pflegepersonal beinhalten lediglich Informationen über die Anzahl der Berufstätigen innerhalb dieser Gruppen in Relation zur Bevölkerung. Die Arbeitszeit dieser Leistungserbringer bleibt dagegen unberücksichtigt. Dass dies aber erforderlich wäre, zeigt die Auflösung eines scheinbaren Paradoxons: Ärztemangel bei steigenden Arztzahlen. Die Zahl der Ärztinnen und Ärzte stieg in Deutschland von 1994 bis 2007 um 2,8 %, die addierten Arbeitsstunden pro Woche sanken in der gleichen Zeit jedoch um 2,9 %.[230]

---

[228] Vgl. Fritz Beske Institut für Gesundheits-System-Forschung (2004a), S. 138-141.
[229] Vgl. Fritz Beske Institut für Gesundheits-System-Forschung (2004a), S. 140-141.
[230] Vgl. Bundesärztekammer (2009b), S. 14; Bundesärztekammer (2009a), S. 8.

Die durchschnittliche Verweildauer in den Krankenhäusern sagt wenig über die Güte der stationären Versorgung oder gar des Gesundheitssystems aus. So ist zwar vorstellbar, dass eine schnellere Behandlung für bestimmte Diagnosen auf eine effektive und effiziente Behandlung hindeutet. Allerdings kann es für ein System sprechen, Behandlungen, die mit geringer Verweildauer verbunden sind, mit modernen Verfahren ambulant durchführen zu können. Ein Vergleich der Verweildauern ist deshalb aussagekräftiger, wenn er diagnosebezogen durchgeführt wird. Zu bedenken ist ferner, dass – wie das Fritz Beske Institut selbst anmerkt – Verweildauer und Bettenauslastung von der Finanzierung der Krankenhausversorgung abhängen.[231]

Mit den Kriterien Lebenserwartung bei Geburt, der ferneren Lebenserwartung, der Säuglings- und Müttersterblichkeit sowie den Mortalitätsraten für 29 Krankheiten wird der ergebnisbezogenen Qualität Rechnung getragen und die Effektivität von Gesundheitssystemen in den Vergleich einbezogen. Die Effizienz wird weniger stark berücksichtigt. Zwar erfolgt die Analyse der Finanzierung der Systeme, die Ausgaben werden den leistungsbezogenen Aspekten jedoch nicht direkt gegenübergestellt. Strukturdaten in Form der Verfügbarkeit von Krankenhausbetten und der Dichte von Ärzten, Fach- und Zahnärzten sowie Pflegepersonal lassen eine Aussage über die Zugänglichkeit zur medizinischen Versorgung zu. Dabei werden aber lediglich durchschnittliche Werte für das Bundesgebiet verwendet. Regionale Unterschiede, z. B. zwischen Städten und ländlichen Gebieten, werden nicht beachtet. Auch die OECD weist darauf hin, dass „die Voraussetzung für den Zugang zu medizinischen Leistungen in einem Land [..] eine angemessene Zahl von Ärzten und ihre bedarfsgerechte Verteilung [ist]."[232] Das Fritz Beske Institut berücksichtigt durch die Analyse von Wartezeiten, der Zufriedenheit bezüglich der Wartezeiten und durch die Befragung zur allgemeinen Zufriedenheit mit den Gesundheitssystemen die Ansprüche und Präferenzen der Patienten bzw. Versicherten. Eine Analyse der Gerechtigkeit bzw. Gleichheit der medizinischen Versorgung innerhalb der 14 Vergleichsländer findet jedoch nicht statt. Auch werden keinerlei Aspekte der Sicherheit im Sinne der Minimierung von Risiken und Schädigungen von Patienten berücksichtigt.

231 Vgl. Fritz Beske Institut für Gesundheits-System-Forschung (2004a), S. 125.
232 Organisation for Economic Co-operation and Development (2009), S. 148.

Der Vergleich des Fritz Beske Instituts bewertet das deutsche Gesundheitswesen deutlich besser als der World Health Report 2000. Die für die Analyse genutzten Daten können allerdings nicht als aktuell eingestuft werden.

4.4 Gegenüberstellung von Pommer, van der Torre und Kuhry

Das staatliche niederländische Institut für Sozialforschung Sociaal en Cultureel Planbureau bzw. Social and Cultural Planning Office (SCP) veröffentlichte 2004 einen internationalen Vergleich der Leistungsfähigkeit verschiedener öffentlicher Sektoren. Pommer, van der Torre und Kuhry untersuchten darin Gesundheitssysteme der EU-15-Staaten, die der jüngeren Mitgliedsstaaten Zypern, Tschechische Republik, Estland, Lettland, Litauen, Ungarn, Malta, Polen, Slowenien und der Slowakischen Republik sowie die der angelsächsischen Länder Australien, Kanada, Neuseeland und USA.[233]

4.4.1 Einzelvergleiche

Grundsätzlich ist es nicht Ziel dieser Arbeit, die Charakteristika verschiedener Gesundheitssysteme herauszuarbeiten. Bei der Untersuchung von Pommer, van der Torre und Kuhry spielt die Beschreibung der Systeme für weitere Vergleichsdimensionen allerdings eine Rolle. Deshalb sollen die Dimensionen, die die Autoren für die Charakterisierung der Systeme verwenden, und die Einschätzungen für das deutsche Gesundheitswesen in aller Kürze vorgestellt werden, bevor die übrigen Vergleichsdimensionen und deren Ergebnisse beschrieben werden. Zu beachten ist dabei, dass die Informationen für die Charakterisierung aus dem Jahr 2001 stammen.

Die Autoren ordnen die grundsätzliche Finanzierung der Systeme entweder dem Bismarck-, Beveridge- oder dem privat finanzierten Typ zu. Deutschland als Ursprungsland des sozialversicherungsbasierten Systems gehört dem erstgenannten Typ an. Bei der Unterscheidung nach der Finanzierung hausärztlicher Leistungen wird das deutsche System der Finanzierung pro Kopf bzw. pro Besuch zugeordnet. Die Preise für Arzneimittel basieren vornehmlich auf Vereinbarungen, wäh-

233 Vgl. Social and Cultural Planning Office (2004).

rend sie in anderen Ländern größtenteils budgetiert oder insbesondere auf freier Preisbildung beruhen. Das deutsche Gesundheitswesen wurde 2001 zu 75 % aus öffentlicher Hand finanziert. Zuzahlungen gab es im Bereich der Arzneimittel und der stationären Versorgung. Die Zuzahlungen für den ambulanten Bereich seit Anfang 2004 konnten noch nicht berücksichtigt werden. Bei der Trägerschaft von Krankenhäusern unterscheiden die Autoren nach Systemen, in denen Krankenhäuser insbesondere privat und profitorientiert, teils öffentlich, privat und nicht profitorientiert oder insbesondere öffentlich organisiert sind. Das deutsche Gesundheitswesen wird der zweiten Kategorie zugeordnet. Außerdem herrscht freie Allgemeinarzt-, Facharzt- und Krankenhauswahl, was für andere Systeme nicht oder nur teilweise zutrifft. Die letzte Unterscheidung betrifft die Funktion des Hausarztes als Gatekeeper. Hausärzte können diese Funktion entweder erfüllen, teilweise erfüllen oder nicht erfüllen. Letzteres ist in Deutschland der Fall. Mit den Informationen für die Charakterisierung der Gesundheitssysteme führen die Autoren eine Clusteranalyse durch und unterscheiden auf dieser Grundlage vier recht homogene Gruppen und eine fünfte Gruppe heterogener Systeme. Die vier homogenen Gruppen sind ein osteuropäischer Cluster mit hohen Selbstzahlungen, ein öffentlicher Cluster mit hohen Selbstzahlungen, ein öffentlicher Cluster mit geringen Selbstzahlungen und ein korporatistischer Cluster mit hohen Zuzahlungen, dem auch Deutschland zugerechnet wird.[234]

Bei der Beschreibung der übrigen Vergleichsdimensionen und Ergebnisse muss beachtet werden, dass die Autoren einige Elemente nur grob beschreiben und nur wenig auf Werte einzelner Systeme eingehen. Für einige Vergleichsgegenstände ist es deshalb nicht möglich, die Ergebnisse für das deutsche Gesundheitswesen im internationalen Vergleich adäquat darzustellen. Die Ausführungen beschränken sich auf Elemente für die dies zumindest in Grundzügen möglich ist. Abbildung 8 gibt einen Überblick.

234 Vgl. Social and Cultural Planning Office (2004), S. 128-134.

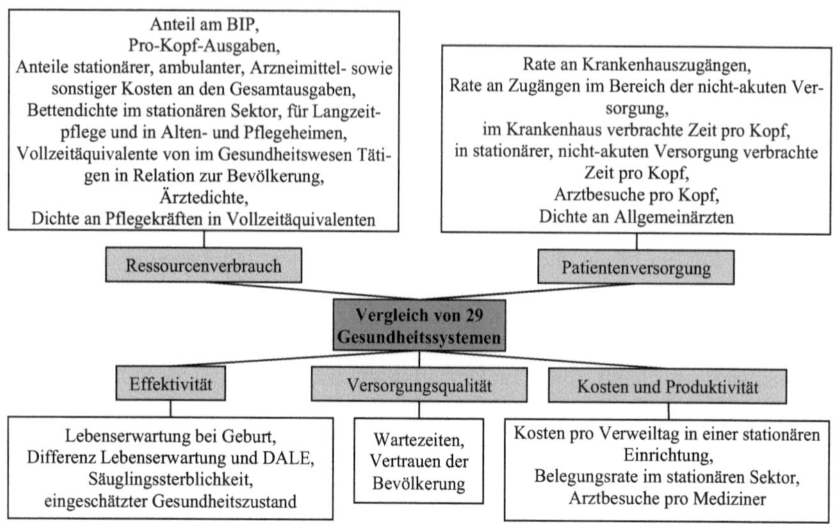

Abbildung 8: Pommer, van der Torre und Kuhry: Bereiche und Indikatoren[235]

Um den **Ressourcenverbrauch** zu beurteilen, vergleichen die Autoren zunächst die Ausgaben für die Gesundheitsversorgung. In den EU-15-Staaten betrug der Anteil der Gesundheitsausgaben am BIP im Jahr 2000 durchschnittlich etwa 8 %. In Deutschland war der Anteil mit mehr als 10 % nach den USA am höchsten. Die Ausgaben pro Kopf wurden nur von den USA und Luxemburg übertroffen. Die Autoren stellen fest, dass die Ausgaben pro Kopf mit dem BIP tendenziell steigen. Dieser Zusammenhang gilt allerdings nicht für europäische bzw. angelsächsische Staaten. Insbesondere das Einkommen wird als guter Prädiktor für die Gesundheitsausgaben gesehen. Der Einfluss anderer Bevölkerungscharakteristika und systemimmanenter Eigenschaften ist dagegen moderat. Die Autoren gehen auch auf die Anteile der stationären, ambulanten und der Arzneimittelversorgung sowie auf den Anteil sonstiger Kosten an den Gesamtausgaben ein. Außerdem stellen sie dem Anteil der Ausgaben für die stationäre Versorgung am BIP den Anteil für die ambulante Versorgung am BIP gegenüber.[236]

---

[235] Quelle: Eigene Darstellung in Anlehnung an Social and Cultural Planning Office (2004), S. 135-172.

[236] Vgl. Social and Cultural Planning Office (2004), S. 135-142.

Die Verfügbarkeit stationärer Versorgung wird durch die Bettenzahl pro 1.000 Anwohner abgebildet. Betrachtet werden neben Akutbetten auch solche für psychiatrische Versorgung, Langzeitpflege und andere. Der Durchschnitt für das Jahr 2000 betrug in den EU-15-Staaten ca. vier Betten je 1.000 Einwohner. In Deutschland lag dieser Wert mit mehr als 14 Betten höher als in allen Vergleichsländern. Wie in den Niederlanden, Dänemark, Irland, Großbritannien und Finnland machten die Akutbetten dabei weniger als die Hälfte aus. Die Verfügbarkeit von Betten für die Langzeitpflege ist in Nordeuropa tendenziell groß, moderat in Zentral- und Osteuropa und eher gering in Südeuropa. Ein ähnliches Bild zeigt sich für die Versorgung älterer Personen, wenn Alten- und Pflegeheime und betreutes Wohnen betrachtet werden.[237]

Der Personaleinsatz wird zunächst durch die Anzahl der im Gesundheitswesen tätigen Personen – umgerechnet in Vollzeitäquivalente – in Relation zur Bevölkerung abgebildet. Im Jahr 2001 war der Personaleinsatz mit ca. 45 Vollzeitäquivalenten je 1.000 Einwohner in Finnland am höchsten, gefolgt von Schweden, Großbritannien, Frankreich und Deutschland mit jeweils mehr als 30 Vollzeitäquivalenten. Auch Staaten, die nicht zu den EU-15-Ländern gehören, weisen mehr als 30 Vollzeitäquivalente auf: Die USA, Kanada und Australien. Die Anzahl der Ärzte je 1.000 Einwohner reichte 2001 von ca. 2 in Irland, Großbritannien, Polen und einigen angelsächsischen Ländern bis ca. 4,5 in Griechenland und Italien. Deutschland nahm mit etwas mehr als 3 Ärzten pro 1.000 Einwohner einen Platz im Mittelfeld ein. Dabei muss man wissen, dass die Zahlen einiger Länder auch Ärzte im Ruhestand einschließen. Im gleichen Jahr variierte die Dichte von Pflegekräften von ca. 15 Vollzeitäquivalenten pro 1.000 Einwohner in Finnland und Irland bis lediglich etwa vier Vollzeitäquivalenten in Griechenland und Portugal. In Deutschland, Großbritannien, Schweden und Luxemburg sowie in allen betrachteten angelsächsischen Systemen außerhalb der EU lag dieser Wert zwischen acht und zehn Vollzeitäquivalenten pro 1.000 Einwohner und über dem EU-15-Durchschnitt.[238]

---

[237] Vgl. Social and Cultural Planning Office (2004), S. 144-146.
[238] Vgl. Social and Cultural Planning Office (2004), S. 146-150.

Pommer, van der Torre und Kuhry untersuchen auch die Aspekte der **Patientenversorgung**. Zunächst wird die stationäre Versorgung analysiert. Die Rate der Krankenhauszugänge im Jahr 2000 reichte von etwa 75 pro 1.000 Einwohner auf Zypern und Malta bis 270 in Österreich. Das österreichische System gehört dem korporatistischen Cluster an, das generell durch hohe Zugangsraten charakterisiert ist. Ähnliches gilt für Frankreich und Deutschland, wo die Krankenhauszugänge ebenfalls eher als hoch einzustufen waren. Der Anteil an Zugängen im Bereich der nicht-akuten Versorgung war in Deutschland nach Frankreich (19 %) und Finnland (24 %) am höchsten. Die im Krankenhaus verbrachte Zeit pro Kopf war im selben Jahr mit 1,9 Tagen in Deutschland am höchsten. Mit 0,3 Tagen war der Wert in Neuseeland am geringsten. Auch die Anzahl der Tage in stationärer, nicht-akuter Versorgung pro Kopf war in Deutschland am höchsten. Für Irland, Luxemburg, Dänemark und die USA waren ebenfalls hohe Werte zu verzeichnen. Die geringsten Werte wiesen Kanada und die südeuropäischen Länder auf.[239]

Im Bereich der ambulanten Versorgung vergleichen die Autoren zunächst die Anzahl der Arztbesuche pro Kopf für das Jahr 2001. Ungarn mit 22 und die tschechische Republik mit 12 Besuchen übertreffen die Vergleichsnationen bei weitem. Allerdings ist zu beachten, dass das umfassende System an Polikliniken in diesen Ländern bei diesem Vergleich der ambulanten Versorgung zugeschrieben wird. In den meisten Vergleichsländern bewegte sich die Anzahl der Arztbesuche pro Kopf zwischen vier und acht. Deutschland lag an der Obergrenze dieser Spanne. Nur in Griechenland, Schweden, Luxemburg, Polen und Portugal lag der Wert unter vier Besuchen. Die meisten Allgemeinmediziner in Relation zur Bevölkerung waren im Jahr 2000 nach Finnland, Frankreich, Österreich und Australien in Deutschland zu verzeichnen. Die Autoren stellen der Dichte an Allgemeinärzten auch die Zugänge je 1.000 Einwohner in akute stationäre Versorgung gegenüber. „There is in fact a positive correlation, which suggests complementarity between the two types of care (more visits to the doctor leading to more use of inpatient care). Alternatively, the results might indicate a higher overall demand for health

[239] Vgl. Social and Cultural Planning Office (2004), S. 150-153.

care."[240] Mit steigender Dichte an Allgemeinärzten stiegen also die Aufnahmen in Akutkrankenhäuser.[241]

Im nächsten Schritt analysieren die Autoren das Verhältnis von Ressourceneinsatz und Versorgungsleistungen bzw. untersuchen die **Kosten und Produktivität**. Im Bereich der stationären Versorgung wird zunächst die Anzahl der Tage in Krankenhäusern gegenüber Tagen in anderen stationären Einrichtungen mit 1:0,5 gewichtet und anschließend die Kosten pro Verweiltag in einer stationären Einrichtung berechnet. Diese waren im Jahr 2000 in Schweden mit 870 Euro am höchsten. In Ungarn und Polen waren die Kosten mit ca. 100 Euro am niedrigsten. Nach der Tschechischen Republik folgt mit Deutschland, Österreich, Finnland, Großbritannien und Australien eine Gruppe mit Kosten von weniger als 400 Euro pro Tag. Die Ergebnisse weisen auf einen negativen Zusammenhang zwischen den Aufenthaltstagen pro Kopf und den Kosten pro Aufenthaltstag hin. „This can probably be explained to some extent by more intensive treatment, combined with a shorter length of stay."[242] Auch die Belegungsrate wird zur Beurteilung der Produktivität herangezogen. Deutschland lag 2000 knapp über dem EU-15-Durchschnitt von 78 %. Dabei waren im deutschen System keine ernsthaften Probleme bezüglich der Wartezeiten festzustellen. Zur Beurteilung der Produktivität der Arbeit merken die Autoren an, dass ein größeres Verhältnis von Pflegekräften zur Anzahl der Tage stationärer Versorgung (Anstieg von 18 % im EU-15-Durchscnitt im Zeitraum von 1995 bis 2000) entweder zu höherer Qualität oder zu besseren Arbeitsbedingungen beitragen kann. Kommt das den Patienten zugute, sollte das größere Verhältnis nicht als Produktivitätsverlust, sondern als zusätzliche Produktivität gesehen werden. Verfügbare Daten bilden dies allerdings kaum ab. Eine weitere Erklärung für die steigende Anzahl an Pflegekräften könnte die höhere Pflegebedürftigkeit sein. „There has been a decline in the average length of stay in hospital, which might imply an increased care burden."[243] Außerdem weisen die Autoren darauf hin, dass die Arbeitskosten der im Gesundheitswesen Beschäftigten Einfluss auf die Gesamtausgaben haben könnten. Sie

---

240 Social and Cultural Planning Office (2004), S. 155.
241 Vgl. Social and Cultural Planning Office (2004), S. 154-155.
242 Social and Cultural Planning Office (2004), S. 157.
243 Social and Cultural Planning Office (2004), S. 160.

vergleichen das Verhältnis der Gehälter im Gesundheits- und Wohlfahrtssektor mit den Gehältern insgesamt. Allerdings ist zu bedenken, dass einerseits der Wohlfahrtssektor berücksichtigt und andererseits Selbstständige nicht berücksichtigt werden. Letzteres erklärt das bezüglich des Gesundheits- und Wohlfahrtssektors vergleichsweise gute Verhältnis in Griechenland, Spanien, Portugal und Finnland. Dort sind Ärzte meist angestellt. Griechenland, Italien und Portugal haben zudem eine relativ geringe Anzahl an Pflegekräften und eine hohe Anzahl an Ärzten. Von diesen Ausnahmen abgesehen reichte das Verhältnis von 69 % in Polen bis 103 % in Belgien. Deutschland liegt etwa in der Mitte dieser Werte.[244]

Im Bereich der ambulanten Versorgung verwenden die Autoren die Anzahl der Arztbesuche als Indikator für die Produktion und die Anzahl der Ärzte als Indikator für den Ressourceneinsatz, um die Produktivität der Arbeit abzubilden. Zu bedenken ist aber, dass in einigen Ländern Kontakte zu Fachärzten im stationären Bereich den Arztbesuchen zugerechnet werden. Bei der Anzahl der Ärzte werden alle praktizierenden Mediziner berücksichtigt, auch wenn sie nicht zu den Arztkontakten insgesamt beitragen. Generell wird weder die Heterogenität, noch die Qualität der Versorgung abgebildet. Die Spanne der Arztbesuche pro Mediziner reichte 2000 von 600 in Griechenland bis 7000 in Ungarn. In den meisten Staaten lag diese Zahl zwischen 1.500 und 2.500. Deutschland lag nur knapp über dem EU-15-Durchschnitt.[245]

Den nächsten Bereich, den Pommer, van der Torre und Kuhry für den Vergleich heranziehen, nennen sie „quality of care“[246]. Die **Versorgungsqualität** wird zum einen mit Wartezeiten, die objektiv beurteilt werden können, und zum anderen mit dem subjektiven Vertrauen der Bevölkerung in die Gesundheitssysteme und damit mit den Bedürfnissen von Leistungsnehmern beurteilt. Nach einer Studie der OECD aus dem Jahr 2003 gab es in Großbritannien und Finnland lange Wartezeiten, in Spanien, Dänemark, den Niederlanden und Spanien moderate Warte-

[244] Vgl. Social and Cultural Planning Office (2004), S. 157-161.
[245] Vgl. Social and Cultural Planning Office (2004), S. 161-162.
[246] Social and Cultural Planning Office (2004), S. 163.

zeiten und in Deutschland, Belgien, Luxemburg, Österreich und Frankreich kaum Wartezeiten für die nicht-akute Versorgung.[247]

Im Jahr 2000 brachten die Malteser, Österreicher und Finnen das größte Vertrauen gegenüber ihren Gesundheitssystemen auf. In einigen mediterranen Ländern, insbesondere in Griechenland und Italien, war das Vertrauen besonders gering. Mit Ausnahme des deutschen Gesundheitssystems, genossen alle Systeme, die dem korporatistischer Cluster angehören, das Vertrauen der Öffentlichkeit.[248]

Um die **Effektivität** zu beurteilen, verwenden die Autoren zur Messungen des Gesundheitszustandes die Lebenserwartung bei Geburt und die DALE. Außerdem berücksichtigen sie die Säuglingssterblichkeit und den subjektiv eingeschätzten Gesundheitszustand. In Deutschland lag die Lebenserwartung im Jahr 2001 etwa bei dem EU-15-Durchschnitt von 78,2 Jahren und die Differenz zwischen der Lebenserwartung und der DALE in einem für Europa mittleren Bereich. Die Säuglingssterblichkeit war im selben Jahr in der Bundesrepublik geringer als im Durchschnitt der EU-15-Staaten. Unter den EU-15-Ländern war jedoch nach Portugal der Anteil derjenigen, die den eigenen Gesundheitszustand als (mindestens) gut bezeichneten, in Deutschland am geringsten.[249]

4.4.2 Aggregierte Vergleiche

Die Autoren standardisieren die Lebenserwartung bei Geburt, die Säuglingssterblichkeit, den Anteil der DALE an der Lebenserwartung bei Geburt und den subjektiv beurteilten Gesundheitszustand und bilden daraus für die Vergleichsländer einen Gesundheits- bzw. **Effektivitätsindex** auf einer 10-Punkte-Skala. In Anlehnung an den World Health Report 2000 werden die vier Indikatoren gleichgewichtet. Die Spannbreite dieses Indexes reichte 2001 von 1,6 für Ungarn bis 6,3 für Schweden. Die meisten Länder, darunter Deutschland, erreichen Werte zwischen 5 und 6.[250] Abbildung 9 gibt einen Überblick.[251]

247 Vgl. Social and Cultural Planning Office (2004), S. 163-164.
248 Vgl. Social and Cultural Planning Office (2004), S. 166.
249 Vgl. Social and Cultural Planning Office (2004), S. 167-172.
250 Vgl. Social and Cultural Planning Office (2004), S. 167-174.
251 Vgl. Social and Cultural Planning Office (2004), S. 173-174.

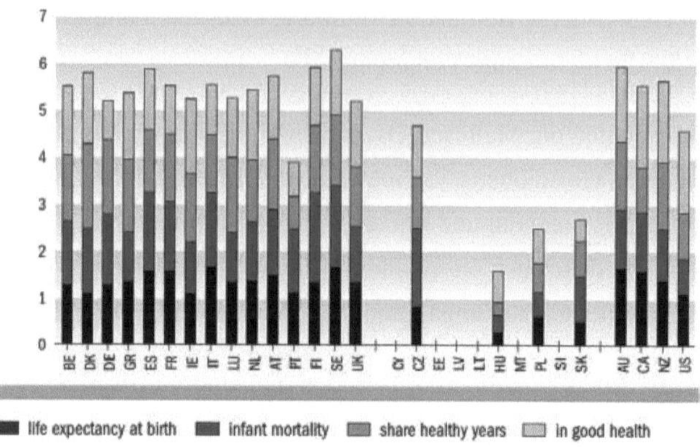

Abbildung 9: Pommer, van der Torre und Kuhry: Effektivitätsindex[252]

Um die **Kosteneffektivität** beurteilen zu können, stellen die Autoren dem Gesundheitszustand der Bevölkerung den Ressourceneinsatz gegenüber. Dazu ziehen sie den eben beschriebenen Effektivitätsindex, der um Unterschiede bezüglich der Demographie und des Lebensstils bereinigt wurde, und die Gesamtausgaben für Gesundheit heran. Abbildung 10 veranschaulicht die Ergebnisse für 2001.

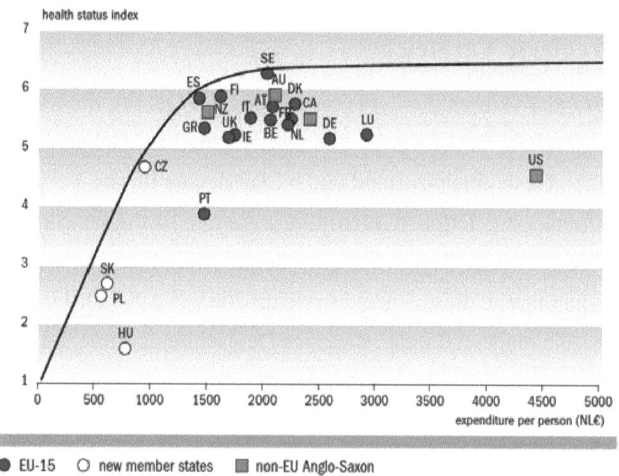

Abbildung 10: Pommer, van der Torre und Kuhry: Kosteneffektivität[253]

---

[252] Quelle: Social and Cultural Planning Office (2004), S. 174.

Der vertikale Abstand zwischen den Werten der Vergleichsländer und der Kurve in Abbildung 10 gibt Auskunft über das Verbesserungspotential bei gleichen Ausgaben. „A country's vertical distance from the curve in Figure 4.41 indicates the potential gains in effectiveness it might in principle realize at the current spending level.“[254] Die Tschechische Republik erreichte 2001 eine akzeptable Effektivität bei geringem Ressourceneinsatz. In Ungarn, Polen und der Slowakei wurde zwar noch weniger ausgegeben, der Wert für die Effektivität war aber deutlich geringer. Portugal, das bei diesem Vergleich ebenfalls schlecht abschnitt, hätte mit ausgewiesenem Ressourceneinsatz den Effektivitätslevel Spaniens erreichen sollen. Innerhalb der von Schweden angeführten Gruppe schnitt Deutschland eher schlecht ab. Im Vergleich zu allen anderen Ländern – bis auf Luxemburg – war der Ressourceneinsatz höher, der Effektivitätslevel jedoch am unteren Ende. Die USA erreichten mit dem deutlich höchsten Einsatz finanzieller Mittel einen relativ geringen Level an Effektivität.[255]

Bei der **Analyse von Zielen und Effektivität** („objectives and effectiveness“[256]) stellen die Autoren fest, dass finanzielle Nachhaltigkeit, Qualität und Zugänglichkeit nach dem Hauptziel Gesundheitsförderung die wichtigsten Vorgaben für die Gesundheitspolitik sind. Pommer, van der Torre und Kuhry verweisen auf die Zufriedenheit der Bevölkerung mit den jeweiligen Gesundheitssystemen. Griechenland, Italien, Portugal und Deutschland wiesen 2000 unter den EU-15-Staaten die geringsten Werte für Zufriedenheit auf. In diesem Zusammenhang wird die Debatte über die Nachhaltigkeit der Finanzierung des Gesundheitswesens in Deutschland und die Anstrengungen einer finanziellen Entlastung durch Selbstzahlungen und Einschränkungen des Leistungskatalogs erwähnt. Um Qualität und Zugänglichkeit zu messen, werden vier Indikatoren genutzt: Der Gesundheitszustand, das Vertrauen in das System, die Existenz von Wartezeiten für nicht dringliche Krankenhausleistungen und der Anteil der Zuzahlungen an den Gesamtausgaben. Diese Faktoren werden standardisiert, gewichtet und zu einem Index auf einer Skala von 0 bis 10 zusammengeführt. „In accordance with WHO methods,

253 Quelle: Social and Cultural Planning Office (2004), S. 177.
254 Social and Cultural Planning Office (2004), S. 175.
255 Vgl. Social and Cultural Planning Office (2004), S. 174-177.
256 Social and Cultural Planning Office (2004), S. 178.

the health status of the population has been given the same weight as the state of the health care system."[257] Der Gesundheitszustand wird mit 50 % und die anderen Faktoren mit jeweils einem Sechstel gewichtet. Schweden, Frankreich und Österreich, dahinter Luxemburg und Deutschland, führen den so entstandenen Index an. Portugal, Polen und Ungarn wiesen 2001 die geringsten Werte auf. Abbildung 11 fasst die Ergebnisse zusammen.

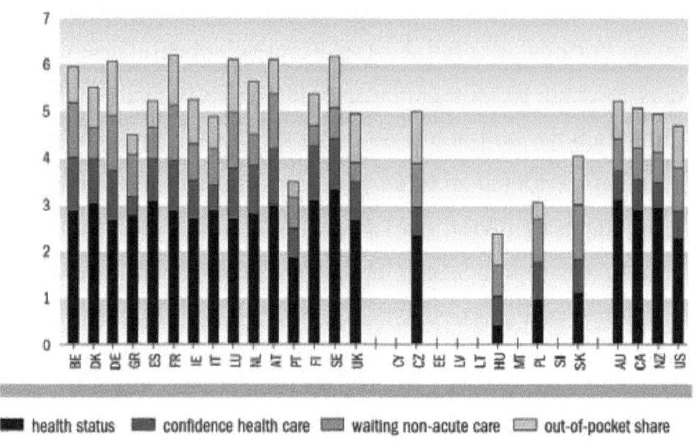

Abbildung 11: Pommer, van der Torre und Kuhry: Kombinationsindex[258]

Wie aus Tabelle 10 ersichtlich, ändert sich das Ranking verschiedener Gesundheitssysteme, wenn neben der Gesundheitsförderung (im Effektivitäts- bzw. Gesundheitsindex) zusätzlich das Erreichen anderer Ziele berücksichtigt wird. Insbesondere Luxemburg, Frankreich und Deutschland verbessern sich. Die Autoren begründen dies mit den minimalen Wartezeiten und, für Frankreich und Luxemburg, mit dem großen Vertrauen der Bevölkerung. Da der Kombinationsindex dem Gesamtranking der Zielerreichung im World Health Report 2000 konzeptionell ähnlich ist, sind auch die Ergebnisse der WHO in Tabelle 10 dargestellt.

[257] Social and Cultural Planning Office (2004), S. 180.
[258] Quelle: Social and Cultural Planning Office (2004), S. 181.

	Effektivitäts-/ Gesundheitsindex 2001	Kombinationsindex 2001	Zielerreichung WHO 1997	Höchste Gesundheitsausgaben 2001
Schweden	1	2	1	11
Frankreich	10	1	3	6
Österreich	6	3	7	9
Luxemburg	17	4	2	3
Deutschland	14	5	11	2
Belgien	11	6	10	10
Niederlande	12	7	5	7
Australien	2	12	9	8
Finnland	3	9	15	15
Spanien	4	11	13	19
Kanada	8	13	4	4
Dänemark	5	8	14	5
Irland	15	10	17	13
Italien	9	17	8	12
Großbritannien	16	16	6	14
Tschechische Republik	18	14	19	20
Neuseeland	7	15	18	16
USA	19	18	12	1
Griechenland	13	19	16	18
Slowakische Republik	21	20	22	22
Portugal	20	21	20	17
Polen	22	22	21	23
Ungarn	23	23	23	21

Tabelle 10: Pommer, van der Torre und Kuhry: Ranglisten von Systemen[259]

259 Quelle: Eigene Darstellung in Anlehnung an Social and Cultural Planning Office (2004), S. 183.

„Despite the fact that it is based on almost entirely different indicators, the ranking in the present report is remarkably consistent with the who ranking of 1997.“[260] Allerdings schneidet das deutsche Gesundheitssystem im Vergleich zum Ranking der WHO deutlich besser ab. Die Autoren erwähnen in diesem Zusammenhang, dass das schlechte Abschneiden des deutschen Systems bezüglich des Gesundheitszustandes im World Health Report 2000 nicht durch gute Werte für die Patientenorientierung oder Fairness ausgeglichen wird. Im Vergleich von Pommer, van der Torre und Kuhry erreicht das deutsche Gesundheitswesen dagegen eine relativ gute Bewertung der Indikatoren, die sich mit dem System an sich beschäftigen (Vertrauen der Bevölkerung, Wartezeiten und Zuzahlungen). Zudem wird ein signifikanter, schwach positiver Zusammenhang zwischen den Gesundheitsausgaben pro Kopf und den Werten für die verschiedenen Indizes festgestellt. Deutschland erreicht mit den zweithöchsten Ausgaben den fünften Platz, der anhand des Kombinationsindexes ermittelt wird. Setzt man insbesondere Schweden und Frankreich, aber auch Österreich und Luxemburg, die gute Werte für diesen Index bei nicht übermäßig hohen Kosten erreichen, als Benchmark, ist festzustellen, dass das deutsche System zwar einen vergleichbaren Standard erreicht, allerdings zu höheren Kosten.[261]

4.4.3 Beurteilung

Die umfangreiche Analyse von Pommer, van der Torre und Kuhry vergleicht die Ausgabenseite der Gesundheitssysteme mit Hilfe des Anteils der Gesundheitsausgaben am BIP und der nicht kaufkraftbereinigten Pro-Kopf-Ausgaben sowie der Kosten pro Verweiltag in stationären Einrichtungen. Die Versorgungsstruktur wird anhand der Bettendichte im Bereich der stationären Versorgung, der Ärzte- und Allgemeinarztdichte, bei denen auf die Berechnung von Vollzeitäquivalenten verzichtet wird, der Dichte an Pflegekräften unter Berücksichtigung der Arbeitszeit sowie anhand der Vollzeitäquivalente der im Gesundheitswesen Beschäftigten in Relation zur Bevölkerung verglichen. Allerdings werden die Verteilung innerhalb der Länder und somit mögliche Ungleichheiten der Zugänglichkeit zu medizinischer Versorgung, z. B. in ländlichen Gebieten und Städten, nicht abge-

260 Social and Cultural Planning Office (2004), S. 181.
261 Vgl. Social and Cultural Planning Office (2004), S. 178-184.

bildet. Die Inanspruchnahme von Leistungen wird durch die Rate an Zugängen im stationären Sektor, der dort verbrachten Zeit pro Kopf, der Belegungsrate und der Arztbesuche je Einwohner sowie je Mediziner einbezogen. Die Effektivität der Gesundheitssysteme wird durch verschiedene Outcomegrößen abgebildet: Lebenserwartung, DALE und Säuglingssterblichkeit. Auch eine Einschätzung des Gesundheitszustandes wird berücksichtigt. Dem aus diesen Indikatoren ermittelten Effektivitätsindex werden die Gesamtausgaben für Gesundheit gegenübergestellt und so die Kosteneffektivität beurteilt. Ein anderer Index bezieht, im Gegensatz zum Effektivitätsindex, neben dem Gesundheitszustand weitere Indikatoren ein und orientiert sich an Belangen der Patienten in Bezug auf deren Vertrauen in das System, auf Wartezeiten für nicht dringliche Krankenhausleistungen und auf mögliche Zugangsbarrieren durch Zuzahlungen für die Versorgung. Auf die Patientensicherheit wird dagegen nicht eingegangen.

4.5 Vergleich des Fraser Institutes

Die formale Literaturrecherche erfasste den Vergleich von Gesundheitssystemen der OECD-Staaten unter dem Titel „How Good Is Canadian Health Care? 2006 Report“, verfasst vom Fraser Institut. Die informelle Recherche ergab, dass der aktuellste Report des Instituts aus dem November 2008 stammt. Dieser analysiert 29 Gesundheitssysteme von OECD-Mitgliedsstaaten.

4.5.1 Vergleichsdimensionen

Abbildung 12 gibt einen groben Überblick über die Bereiche und Art der Indikatoren, die das Fraser Institut für den Vergleich der Gesundheitssysteme nutzt.

Abbildung 12: Fraser Institute: Bereiche und Indikatoren[262]

Das Fraser Institut untersucht die **Ausgaben** für Gesundheit in den Vergleichsländern. Bei einem OECD-Durchschnitt von 8,8 % gaben Deutschland und Belgien im Jahr 2005 mit 10,7 % nach der Schweiz und Frankreich den größten Anteil des BIP für Gesundheit aus. Da die Gesundheitsausgaben für ältere Personen deutlich höher sind, passen die Autoren den Vergleich an die Differenzen in der Altersstruktur in den einzelnen Ländern an. „A simple comparison of spending, such as the one given above, will result in an underestimation of spending for younger populations."[263] Deutschland hatte 2005 mit 19,2 % nach Japan und Italien den dritthöchsten Anteil von 65 Jahre alten oder älteren Personen. Für die Anpassung werden Informationen aus Kanada und demographische Daten der übrigen OECD-Länder herangezogen. Damit werden die Gesundheitsausgaben auf Basis von Schätzungen der Änderung von Ausgaben aufgrund von Änderungen des Altersprofils ermittelt. In der Basisanpassung wird angenommen, dass die Ausgaben proportional mit dem Anteil der 65-jährigen und älteren Personen ansteigen. Die Bevölkerung aller Vergleichsländer wird mit einem Anteil dieser Personengruppe von 15,14 % – dies entsprach dem OECD-Durchschnitt im Jahr 2005 – normalisiert. Die so angepassten Gesundheitsausgaben machten im selben Jahr 8,4 % des deutschen BIP aus. Bei einem OECD-Durchschnitt von 9,1 % ist dieser Anteil in 15 Staaten höher. Für eine andere Anpassung analysieren die Autoren den Anstieg

262 Eigene Darstellung in Anlehnung an Fraser Institute (2008), S. 17-85.
263 Fraser Institute (2008), S. 17-18.

des Anteils älterer Personen (33 %) und den Anstieg des Anteils dieser Personengruppe an den Gesundheitskosten (22 %) in Kanada im Zeitraum von 1980/1981 bis 2000/2001. Der Anstieg von Gesundheitskosten durch die Alterung der Gesellschaft beträgt somit 67 % bei einem Anstieg des Anteils älterer Personen von 100 %. Doch birgt diese Anpassung Probleme. „The 67 % adjustment factor is coming from an increased share of estimated health expenditure and not a true growth in health expenditure adjustment.“[264] Die Daten zeigen, dass die Gesundheitsausgaben für 65-jährige und ältere Personen im betrachteten Zeitraum um 93,7 % stiegen, die Ausgaben für die Gesamtbevölkerung um 23 %. Mit diesen Informationen schätzen die Autoren einen Anstieg der Gesundheitskosten um 69,8 % bei einem Anstieg der älteren Bevölkerung um 100 %. Tabelle 11 gibt einen Überblick über den tatsächlichen Anteil und die alterskorrigierten Anteile der Gesundheitsausgaben am BIP.[265]

[264] Fraser Institute (2008), S. 20.
[265] Vgl. Fraser Institute (2008), S. 17-22.

	Anpassung			Rang
	ohne	Basis	rigoros	
Australien	8,8	10,2	9,8	7
Belgien	10,7	9,4	9,8	7
Dänemark	9,4	9,4	9,4	11
Deutschland	10,7	8,4	9,1	14
Finnland	8,3	9,7	8,0	20
Frankreich	11,2	10,3	10,6	4
Griechenland	9,0	7,4	7,9	21
Großbritannien	8,2	7,8	7,9	21
Irland	8,2	11,1	10,2	6
Island	9,4	12,2	11,3	1
Italien	8,9	7,0	7,6	24
Japan	8,2	6,1	6,8	26
Kanada	9,9	11,4	11,0	2
Korea	6,0	10,0	8,8	15
Luxemburg	7,8	8,3	8,1	19
Neuseeland	8,9	11,1	10,5	5
Niederlande	9,2	9,8	9,6	10
Norwegen	9,1	9,4	9,3	13
Österreich	10,3	9,6	9,8	7
Polen	6,2	7,1	6,8	26
Portugal	10,2	9,1	9,4	11
Schweden	9,2	8,1	8,4	17
Schweiz	11,4	10,9	11,0	2
Slowakische Republik	7,1	9,2	8,6	16
Spanien	8,3	7,5	7,8	23
Tschechische Republik	7,1	7,7	7,5	25
Türkei	5,7	-	-	-
Ungarn	8,5	8,2	8,3	18
Durchschnitt	8,8	9,1	9,0	

Tabelle 11: Fraser Institute: Anteil der Gesundheitsausgaben am BIP[266]

Nach der zuletzt beschriebenen Anpassung entfielen in Deutschland 9,1 % des BIP auf Gesundheitsausgaben, was dem OECD-Durchschnitt entsprach. In 13 Ländern war dieser Anteil höher.[267]

Im nächsten Schritt untersuchen die Autoren, ob es in den einzelnen Vergleichsländern **Zuzahlungen** gibt. Dies können zum einen (prozentuale) Beteiligungen an Kosten (co-insurance) und zum anderen Zahlungen sein, die Patienten in einem bestimmten Zeitraum, z. B. in einem Quartal, leisten müssen, bevor eine Krankenversicherung die Kosten trägt (deductible) oder für eine bestimmte Leistung (co-payment) sein.

266 Quelle: Eigene Darstellung in Anlehnung an Fraser Institute (2008), S. 20.
267 Vgl. Fraser Institute (2008), S. 20.

	Krankenhaus	Allgemeinarzt	Facharzt	Arzneimittel
Australien			X	X
Belgien	X	X	X	X
Dänemark				X
Deutschland	X	X	X	X
Finnland	X	X	X	X
Frankreich	X	X	X	X
Griechenland	X	X	X	X
Großbritannien				X
Irland	X	X	X	X
Island			X	X
Italien				X
Japan	X	X	X	X
Kanada				X
Korea	X	X	X	X
Luxemburg	X	X	X	X
Neuseeland			X	X
Niederlande	X	X		X
Norwegen			X	X
Österreich	X	X	X	X
Polen	X	X	X	X
Portugal	X	X	X	X
Schweden	X	X	X	X
Schweiz	X	X	X	X
Slowakische Republik				X
Spanien				X
Tschechische Republik	X	X	X	X
Ungarn	X	X	X	X

Tabelle 12: Fraser Institute: Zuzahlungen in OECD-Ländern[268]

[268] Quelle: Eigene Darstellung in Anlehnung an Fraser Institute (2008), S. 36.

Tabelle 12 fasst die Situation in den OECD-Staaten zusammen. In Deutschland existieren Zuzahlungen im stationären Sektor, in der ambulanten bzw. allgemein- und fachärztlichen Versorgung sowie bei den Arzneimitteln. Gleiches gilt für 15 weitere Vergleichsländer.[269]

Ferner wird die **Trägerschaft von Krankenhäusern** in den OECD-Staaten analysiert. Tabelle 13 gibt Auskunft darüber, welche Trägerschaft in den Vergleichsstaaten dominiert. Für eine öffentliche Trägerschaft wird das Kürzel „Ö“, für private „P“, für eine Mischform, wenn beide Trägerschaften dem öffentlichen System dienen, das Kürzel „M“ verwendet, und „S“ für ein schein-öffentliches Management durch Regulationen.

	Trägerschaft		Trägerschaft
Australien	Ö	Luxemburg	M
Belgien	M	Neuseeland	Ö
Dänemark	Ö	Niederlande	M
Deutschland	M	Norwegen	Ö
Finnland	Ö	Österreich	M
Frankreich	M	Polen	Ö
Griechenland	M	Portugal	M
Großbritannien	PS	Schweden	Ö
Irland	Ö	Schweiz	M
Island	Ö	Slowakische Republik	Ö
Italien	M	Spanien	M
Japan	M	Tschechische Republik	M
Kanada	PS	Türkei	M
Korea	M	Ungarn	Ö

Tabelle 13: Fraser Institute: Krankenhausträgerschaften[270]

[269] Vgl. Fraser Institute (2008), S. 23-37.
[270] Quelle: Eigene Darstellung in Anlehnung an Fraser Institute (2008), S. 43.

In Deutschland existieren sowohl öffentliche als auch private Trägerschaften, die dem öffentlichem System zur Verfügung stehen. Dies gilt für 14 weitere Systeme.[271]

Auch die **Entlohnung praktizierender Ärzte** wird analysiert. Die Autoren unterscheiden dabei grob drei Arten der Vergütung: Bezahlung im Anstellungsverhältnis (A), Capitation (C) und freie Bezahlung nach Leistungen (F). Tabelle 14 gibt einen Überblick, welche Vergütungsformen in den Vergleichsländern dominieren. Werden zwei Kürzel zusammen gelistet (z. B. „CF"), weist dies auf eine komplementäre Vergütung der Ärzte hin. Sind Kürzel durch einen Querstrich getrennt, existieren substitutionale Vergütungsformen für Teile der Ärzteschaft.

	Allgemeinärzte	Fachärzte
Australien	F	A/F
Belgien	F	F
Dänemark	CF	A/F
Deutschland	F	A/F
Finnland	A	A
Frankreich	F	A/F
Griechenland	A/F/CF	A/F
Großbritannien	ACF	A
Irland	C/F	A
Island	A	A/F
Italien	CF	A
Japan	F	A/F
Kanada	F	F
Korea	A/F	A/F

	Allgemeinärzte	Fachärzte
Luxemburg	F	F
Neuseeland	CF/F	A
Niederlande	CF	A/F
Norwegen	A/CF	A/AF
Österreich	A/CF/F	A/CF/F
Polen	C/A	A
Portugal	A/F	A/F
Schweden	A/CF/F	A/F
Schweiz	F	A/AF/F
Slowakische Republik	CF/A	A/F
Spanien	A/C/CA	A
Tschechische Republik	CF	A/F
Türkei	C/A/F	A/F
Ungarn	CA/A	A

Tabelle 14: Fraser Institute: Vergütung praktizierender Ärzte[272]

[271] Vgl. Fraser Institute (2008), S. 38-43.
[272] Quelle: Eigene Darstellung in Anlehnung an Fraser Institute (2008), S. 51.

In Deutschland werden Allgemeinärzte nach Tabelle 14 frei entlohnt. Die Autoren weisen darauf hin, dass ein kleiner Teil der Allgemeinärzte angestellt ist. Für Fachärzte existieren vornehmlich Anstellungsverhältnisse und freie Entlohnung.[273]

Das Fraser Institute untersucht auch die relative **Anzahl an Medizinern**. Da davon ausgegangen wird, dass ältere Bevölkerungen tendenziell mehr Ärzte benötigen, wird die Ärztedichte analog zum Vergleich der Anteile von Gesundheitsausgaben am BIP angepasst. Tabelle 15 gibt einen Überblick über die Ergebnisse für die OECD-Staaten.

Rang		2005	Rang		2005
1	Island	4,5	15	Schweden	3,2
2	Griechenland	4,4	16	Australien	3,1
3	Niederlande	3,9	17	Portugal	3,1
4	Tschechische Republik	3,8	18	**Deutschland**	2,9
5	Norwegen	3,8	19	Ungarn	2,7
6	Belgien	3,7	20	Finnland	2,6
7	Slowakische Republik	3,7	21	Luxemburg	2,6
8	Schweiz	3,7	22	Neuseeland	2,5
9	Dänemark	3,6	23	Kanada	2,3
10	Spanien	3,6	24	Korea	2,3
11	Irland	3,5	25	Polen	2,3
12	Österreich	3,3	26	Großbritannien	2,3
13	Frankreich	3,2	27	Japan (2004)	1,7
14	Italien	3,2	28	Türkei	1,5

Tabelle 15: Fraser Institute: Altersangepasste Ärztedichte[274]

[273] Vgl. Fraser Institute (2008), S. 44-51.
[274] Quelle: Eigene Darstellung in Anlehnung an Fraser Institute (2008), S. 55.

Pro 1.000 Einwohner standen 2005 in Deutschland 2,9 Ärzte zur Verfügung. Von 27 Vergleichsländern hatten 19 Staaten eine höhere Ärztedichte. Die Spanne reichte von 1,5 Ärzten je 1.000 Einwohner in der Türkei bis 4,5 Ärzte je 1.000 Einwohner in Island.[275]

Außerdem analysiert das Fraser Institute die **Konkurrenz privater Anbieter** bei Krankenversicherung bzw. Gesundheitsversorgung. In allen Vergleichsländern, bis auf Kanada, existiert ein privater Markt, der zumindest teilweise mit der öffentlichen Versicherung bzw. Versorgung konkurriert. Kanada verbietet das für Leistungen, die vom öffentlichen System abgedeckt werden. Dies gilt selbst dann, wenn die Leistungen aus eigener Tasche bezahlt werden. Für Deutschland betonen die Autoren die Wettbewerbsfähigkeit des öffentlichen Systems gegenüber der privaten Versicherung, die insbesondere Personen, deren Einkommen die Versicherungspflichtgrenze übersteigt, und Selbstständigen offen steht. „This system is considered to provide comprehensive benefits through a private scheme principally on the basis that all insurance coverage is on a public or private basis where patients may choose among competitive care providers."[276] Private Leistungen können hierzulande durch Zusatzversicherungen oder Selbstzahlungen auch von gesetzlich Versicherten bezogen werden.[277]

Auch die Art der **Finanzierung** der Systeme in den Vergleichsländern wird gegenübergestellt. Das Fraser Institute unterscheidet dabei drei Typen: Finanzierung durch allgemeines Steueraufkommen (A), zweckgebundene Steuer (Z) und Sozialversicherung (S). Tabelle 16 gibt einen Überblick.

275 Vgl. Fraser Institute (2008), S. 53-55.
276 Fraser Institute (2008), S. 61.
277 Vgl. Fraser Institute (2008), S. 56-61.

	Finanzierung	Unterstützung
Australien	A	
Belgien	S	A
Dänemark	Z	
Deutschland	S	SA
Finnland	AS	
Frankreich	SZ	AZ
Griechenland	SA	
Großbritannien	A	
Irland	A	
Island	A	
Italien	A	
Japan	S	A
Kanada	A	
Korea	S	A
Luxemburg	S	A
Neuseeland	A	
Niederlande	SZ	AZ
Norwegen	A	
Österreich	S	A
Polen	S	A
Portugal	A	
Schweden	A	
Schweiz	S	A
Slowakische Republik	S	A
Spanien	A	
Tschechische Republik	S	A
Türkei	SA	
Ungarn	S	AZ

Tabelle 16: Fraser Institute: Finanzierung der Krankenversicherung[278]

Elf der 28 Vergleichsländer finanzieren die Krankenversicherung über allgemeine Steuern, weitere elf, darunter Deutschland, über Sozialversicherungen und drei kombinieren beide Typen. Zwei Staaten kombinieren Sozialversicherungen mit zweckgebundener Steuerfinanzierung und ein Land nutzt vornehmlich zweckgebundene Steuern. Von den Staaten mit Sozialversicherungssystem verwenden neun Länder allgemeine Steuern, um Personen zu unterstützen, die die regulären Beiträge nicht aufbringen können. Drei Staaten nutzen sowohl allgemeine als auch zweckgebundene Steuern. Deutschland erbringt Unterstützungsleistungen durch Sozialversicherungsbeträge und allgemeine Steuern.[279]

Der **Zugang zu moderner Medizintechnologie** ist Gegenstand eines weiteren Vergleichs. Dazu nimmt das Fraser Institut, analog zum Vorgehen beim Anteil

278 Quelle: Eigene Darstellung in Anlehnung an Fraser Institute (2008), S. 65.
279 Vgl. Fraser Institute (2008), S. 62-65.

der Gesundheitsausgaben am BIP, eine Altersanpassung vor. Die Verfügbarkeit von Magnetresonanztomographiegeräten reichte 2005 von 2,2 pro Million Einwohner in Polen bis 33,1 in Japan. Deutschland belegt mit 6,1 Geräten je Million Einwohner Rang 15 von 25 Vergleichsländern. Einer Million Ungarn standen lediglich 6,9 Computertomographiegeräte zur Verfügung, einer Million Japanern hingegen 76,4 Geräte. Von 26 Vergleichsländern belegte Deutschland mit 13,8 Geräten Rang 14. Für Mammographiegeräte liegen keine Daten für Deutschland vor. Die Dichte von Lithotriptern reichte von 0,4 Geräten in Finnland bis 13,1 Geräte pro Million Einwohner in Korea. Deutschland erreichte mit 3,2 Geräten den neunten Rang von 21 Vergleichsländern.[280]

Um die **Angemessenheit der Gesundheitsversorgung** zu analysieren, unterscheidet das Fraser Institut zwei Arten der Untersuchung: Zum einen werden die subjektiven Erfahrungen der Patienten einbezogen, zum anderen Outcomegrößen berücksichtigt. Zur Beurteilung der Leistung in Bezug auf persönliche Erfahrungen werden verschiedene Indikatoren genutzt. In Tabelle 17 sind deren Ergebnisse im Jahr 2007 für Australien (AU), Kanada (CA), Deutschland (DE), Niederlande (NL), Neuseeland (NZ), Großbritannien (GB) und die USA (US) dargestellt.

[280] Vgl. Fraser Institute (2008), S. 66-70.

	AU	CA	DE	NL	NZ	GB	US
Wartezeit in der Notaufnahme							
Weniger als 30 Minuten	40 %	25 %	47 %	48 %	46 %	28 %	33 %
30 Minuten bis weniger als eine Stunde	15 %	14 %	25 %	25 %	15 %	22 %	19 %
Zwei Stunden und mehr	34 %	46 %	11 %	9 %	25 %	32 %	31 %
Arzttermin bei Krankheit oder Notwendigkeit medizinischer Versorgung							
Gleicher Tag	42 %	22 %	55 %	49 %	53 %	41 %	30 %
Nächster Tag	20 %	14 %	10 %	21 %	22 %	17 %	19 %
Zwei bis fünf Tage	26 %	26 %	10 %	17 %	17 %	26 %	25 %
Sechs oder mehr Tage	10 %	30 %	20 %	5 %	4 %	12 %	20 %
Wartezeit für nicht dringliche Operationen in den vergangenen beiden Jahren							
Weniger als ein Monat	59 %	32 %	72 %	47 %	55 %	40 %	62 %
Mehr als sechs Monate	9 %	14 %	3 %	2 %	4 %	15 %	4 %
Gesamtbeurteilung							
Nur geringer Änderungsbedarf, gute Leistung	24 %	26 %	20 %	42 %	26 %	26 %	16 %
Grundlegende Änderungen notwendig	55 %	60 %	51 %	49 %	56 %	57 %	48 %
Neuaufbau	18 %	12 %	27 %	9 %	17 %	15 %	34 %

Tabelle 17: Fraser Institute: Beurteilung von Erwachsenen, Daten aus 2007[281]

In Bezug auf Wartezeiten erzielte das deutsche Gesundheitswesen durchweg gute Ergebnisse: 47 % warteten weniger als 30 Minuten in der Notaufnahme. Nur in den Niederlanden war dieser Anteil (48 %) etwas höher. 55 %, und damit mehr als in allen Vergleichsländern, gaben an, bei Krankheit einen Arzttermin am gleichen Tag zu bekommen. Der Anteil derjenigen, die weniger als einen Monat auf nichtdringliche Operationen warteten, war in Deutschland sogar deutlich höher als in den Vergleichsländern. Dies spiegelt sich allerdings in der Gesamtbeurteilung nicht wider: 51 % der befragten Deutschen sahen grundlegenden Änderungsbedarf in ihrem Gesundheitssystem, 27 % hielten sogar einen Neuaufbau für notwendig. 20 % der Deutschen sahen nur geringen Änderungsbedarf und hielten die

281 Quelle: Eigene Darstellung in Anlehnung an Fraser Institute (2008), S. 72.

Leistung des Gesundheitswesens für gut. Dieser Wert wurde nur von amerikanischen Befragten unterschritten.[282]

Zur Beurteilung des Ergebnisses der Gesundheitsversorgung werden zunächst die Lebenserwartung und, in Anlehnung an die WHO, die gesundheitsbereinigte Lebenserwartung (health-adjusted life expectancy (HALE)) verwendet. Unter den 28 Vergleichsländern reichte die durchschnittliche Lebenserwartung 2003 von 62 Jahren in der Türkei bis 75 Jahre in Japan, die HALE von 71 Jahren in der Türkei bis 81,8 Jahren in Japan. Das Fraser Institut bewertet die Gesundheitssysteme nach dem Anteil der HALE an der unbereinigten Lebenserwartung. „This measure may allow some insight into the ability of the health care system to provide care for individuals who may soon face severe illnesses that will have a significantly negative effect on their standard of living."[283] Die Spanne reichte von 87,3 % in der Türkei bis 92,5 % in Luxemburg. Deutschland erreichte mit einer Lebenserwartung von 72 Jahren (in sieben Staaten war diese höher), einer bereinigten Lebenserwartung von 78,6 Jahren (in 13 Staaten war diese höher) und somit einem Anteil von 91,6 % den dritten Rang.[284]

Auch die Säuglingssterblichkeit, gemessen an den Sterbefällen unter einem Lebensjahr und die perinatale Sterblichkeit, gemessen an den Sterbefällen unter sieben Tagen und von Föten ab der 28. Schwangerschaftswoche, wird analysiert. Die Säuglingssterblichkeit reichte 2005 von 2,3 pro 1.000 Lebendgeburten in Island bis 23,6 pro 1.000 Lebendgeburten in der Türkei. In Deutschland und Italien (2004) lag die Rate mit 3,9‰ höher als in zwölf aller 28 Vergleichsländer. Auch die perinatale Sterblichkeit war in zwölf von insgesamt 28 Ländern niedriger als die von 5,5‰ in Deutschland. Die Spanne reichte von 3,3 Sterbefällen je 1.000 Geburten in Island bis 24 Sterbefälle je 1.000 Geburten in der Türkei.[285]

Außerdem werden Indikatoren herangezogen, die weniger stark von externen Effekten, wie etwa Wasserqualität oder Kriminalitätsrate, beeinflusst werden. In Anlehnung an die OECD nutzt das Fraser Institut dafür die altersstandardisierten

282 Vgl. Fraser Institute (2008), S. 71-73.
283 Fraser Institute (2008), S. 74.
284 Vgl. Fraser Institute (2008), S. 74-75.
285 Vgl. Fraser Institute (2008), S. 75-77.

Mortalitätsraten von 14 Kategorien aus der neunten Version der International Classification of Diseases and Related Health Problems (ICD) aus dem Jahr 2004. Die Daten wurden um Unfallfolgen bereinigt, um die Mortalität als Folge unzureichender medizinischer Versorgung besser abbilden zu können. „For this reason, the comparison does not include external sources of injury and poisoning, death from symptoms and poorly defined conditions, and mental disorders."[286] Diese Mortalitätsraten wurden als Sterbefälle je 100.000 Personen summiert und eine Rangliste erstellt. Die Spanne reichte von 381,2 Sterbefällen in Japan bis 864,1 Sterbefällen je 100.000 Einwohner in Ungarn. Deutschland belegte mit 534,3 Sterbefällen Rang 17 von 26 Vergleichsländern.[287]

Um die Ergebnisse medizinischer Versorgung noch präziser abbilden zu können, werden außerdem Mortalitätsraten verglichen, von denen angenommen wird, sie würden in besonderem Maße von der Gesundheitsversorgung abhängen. Um diese zugänglichen Mortalitätsraten vergleichen zu können, wurden detaillierte Daten der OECD aus den Jahren 2002 und 2003 über 33 Todesursachen zunächst nach dem Alter aufgeteilt und standardisiert. Die Spanne reichte von einer Mortalität von 64,79 pro 100.000 Einwohner in Frankreich bis 104,31 in Portugal. Deutschland erreichte mit 90,13 Sterbefällen den zwölften Rang von 18 Vergleichsländern.[288]

Die im letzten Absatz erwähnten Daten der OECD werden auch genutzt, um die verlorenen potentiellen Lebensjahre (potential years of life lost (PYLL)) zu vergleichen. Dazu wurden die Sterbefälle in jedem Alter mit der Restlebenszeit bis zum Alter von 70 multipliziert, summiert und bezüglich des Altersprofils standardisiert. Im Jahr 2004 reichte die Bandbreite verlorener potentieller Lebenszeit von 1,701 Jahren in Island bis 5,215 Jahren in Ungarn. In Deutschland waren es 2,393 Jahre. Dies entspricht Rang 14 von 26 Vergleichsstaaten. [289]

Auch das Auftreten und die Mortalität von Brust- und Kolorektalkarzionomen werden verglichen. Dazu werden Daten aus dem Jahr 2002 herangezogen, um al-

---

[286] Fraser Institute (2008), S. 78.
[287] Vgl. Fraser Institute (2008), S. 77-79.
[288] Vgl. Fraser Institute (2008), S. 79-81.
[289] Vgl. Fraser Institute (2008), S. 81-82.

tersstandardisierte Werte zu schätzen. Die Inzidenz von Brustkrebs reichte von 20,4 pro 100.000 Frauen in Korea bis 92 Frauen in Belgien, die Mortalität von 4,4 in Korea bis 27,8 in Dänemark. Die eigentliche Bewertung wird anhand des Anteils der Sterbefälle an den Neuerkrankungen durchgeführt. Die Bandbreite reichte von 19,7 % in Schweden bis zu einer Letalitätsrate von 44,1 % in der Türkei. Deutschland belegte bei einer Inzidenz von 79,8 und einer Mortalität von 21,6 je 100.000 Frauen und damit einem Anteil von 27,1 % Rang 14 von 28 Vergleichsländern. Die Inzidenz von Kolorektalkrebs reichte von 8,5 je 100.000 Frauen bzw. 9,1 je 100.000 Männer jeweils in der Türkei bis 42,2 unter 100.000 Frauen in Neuseeland bzw. 58,5 unter 100.000 Männern in der Tschechischen Republik. Die Mortalität von 5,4 Frauen bzw. 5,8 Männern jeweils in der Türkei bis 21,2 Frauen bzw. 35,6 Männer jeweils in Ungarn. Die eigentliche Bewertung wird wiederum anhand des Anteils der Sterbefälle von Männern und Frauen an den Neuerkrankungen durchgeführt. Die Spanne reichte von 37 % in der Schweiz bis zu einer Letalitätsrate von 63,3 % in der Türkei. Deutschland erreichte bei einer Inzidenz von 33,1 Frauen bzw. 25,5 Männern je 100.000 Einwohner und einer Mortalität von 15,7 Frauen bzw. 19,9 Männern pro 100.000 Personen mit einem Anteil von 45,6 % den zwölften Rang unter 28 Vergleichsländern.[290]

4.5.2 Aggregierter Vergleich

Das Fraser Institut nutzt die vier im letzten Abschnitt vorgestellt Outcomegrößen, die stark von der Leistungsfähigkeit der Gesundheitssysteme beeinflusst werden, für eine **zusammenfassende Beurteilung der Effektivität** der einzelnen Systeme. Tabelle 18 gibt einen Überblick über die Einzelwerte und das kumulierte Gesamtergebnis.

[290] Vgl. Fraser Institute (2008), S. 82-84.

	Mit Effektivität eng verbundene Indikatoren				Kumulativer Rang
	Zugängliche Mortalitätsraten	PYLL	Letalität Brustkrebs	Letalität Kolorektalkrebs	
Australien	3	6	5	2	1
Japan	2	3	11	4	2
Schweden	9	2	1	9	3
Island	12	1	4	7	4
Schweiz	12	4	9	1	5
Frankreich	1	9	6	11	6
Kanada	6	10	10	2	7
Italien	5	8	11	5	8
Luxemburg	12	7	6	6	9
Norwegen	7	5	8	14	10
Finnland	13	11	2	14	11
Korea	12	19	3	7	12
Deutschland	12	14	14	12	13
Neuseeland	14	18	13	10	14
Spanien	4	13	21	18	15
Niederlande	8	12	23	16	16
Österreich	11	16	16	17	17
Griechenland	10	15	17	19	18
Großbritannien	16	20	15	13	19
Belgien	12	20	18	20	20
Polen	12	24	20	22	21
Irland	17	17	24	21	22
Dänemark	15	21	21	25	23
Portugal	18	22	19	23	24
Tschechische Republik	12	23	25	24	25
Türkei	12	20	28	28	26
Slowakische Republik	12	25	27	26	27
Ungarn	12	26	26	27	28

Tabelle 18: Fraser Institute: Effektivität - Kumulativer Rang[291]

291 Quelle: Eigene Darstellung in Anlehnung an Fraser Institute (2008), S. 9.

Deutschland belegt bei der Bewertung der Effektivität nur Rang 13 von 28 Vergleichsländern.[292]

4.5.3 Beurteilung

Mit dem (bezüglich des Altersprofils angepassten) Anteil der Gesundheitsausgaben am BIP wird die Kostenseite der Gesundheitssysteme betrachtet. Daneben wird die Art der Finanzierung der Systeme, die Existenz von Privatmärkten, die Art der Entlohnung praktizierender Ärzte und die vornehmliche Trägerschaft von Krankenhäusern verglichen. Die altersangepasste Ärztedichte und die Verfügbarkeit medizinischer Großgeräte geben Auskunft über die Versorgungsstruktur ohne jedoch mögliche Ungleichheiten der Verteilung innerhalb der einzelnen Staaten zu berücksichtigen. Auch unterschiedliche Arbeitszeiten der Mediziner in den verschiedenen Ländern werden nicht beachtet. Mögliche Barrieren bezüglich des Zugangs zur Versorgung werden durch den Vergleich von Zuzahlungen im stationären Sektor, bei der allgemein- und fachärztlichen Versorgung sowie im Bereich der Arzneimittelversorgung abgebildet. Verschiedene Messungen der Wartezeiten sowie eine Gesamtbeurteilung in Bezug auf den Änderungsbedarf von Gesundheitssystemen geben Auskunft über Erfahrungen der Bevölkerung und betonen die Patientenorientierung. Verschiedene Outcomegrößen messen die Effektivität der Systeme: Lebenserwartung, invaliditätsbereinigte Lebenserwartung, die Differenz der erstgenannten Indikatoren, die Säuglingssterblichkeit, perinatale Sterblichkeit und altersstandardisierte Mortalitätsraten verschiedener Krankheiten. In besonderem Maße vom Gesundheitssystem abhängige Mortalitätsraten, verlorene potentielle Lebensjahre sowie die Mortalität in Relation zur Inzidenz von Brust- und Kolorektalkarzionomen werden für einen kumulativen Vergleich herangezogen. Die Effizienz der Systeme wird dagegen nicht analysiert, da keine direkte Gegenüberstellung von Outcome- und Ausgaben- bzw. Inputgrößen stattfindet. Auch die Patientensicherheit wird im Vergleich des Fraser Instituts nicht berücksichtigt.

[292] Vgl. Fraser Institute (2008), S. 7-9.

4.6 Analyse von Wendt

„Mapping European healthcare systems: a comparative analysis of financing, service provision and access to healthcare" ist der Titel einer Analyse Wendts aus dem Jahr 2009, in der er Informationen bezüglich der Ausgaben, Finanzierung, der Bereitstellung von Gesundheitsleistungen und des Zugangs zur Versorgung nutzt, um eine Typologie von Gesundheitssystemen zu erstellen, die über bisherige Klassifikationen hinausgeht. Dabei vergleicht der Autor 15 europäische Systeme.[293]

4.6.1 Vergleichsdimensionen

Abbildung 13 gibt einen Überblick über die Bereiche, die Wendt analysiert und über die Indikatoren, die er dafür nutzt.

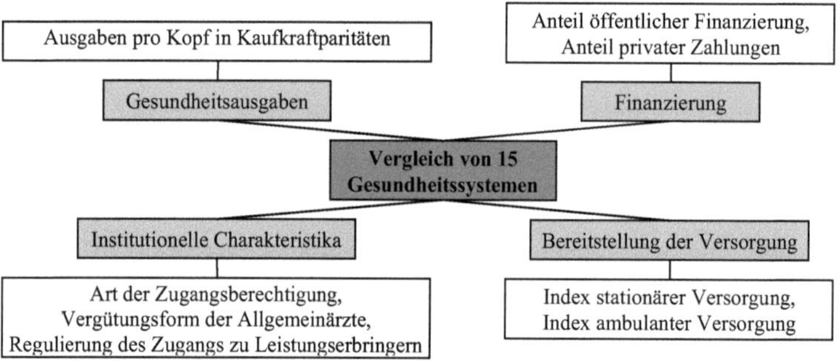

Abbildung 13: Wendt: Bereiche und Indikatoren[294]

Die folgende Beschreibung der Vergleichsgegenstände bezieht sich auf Ausführungen Wendts zu den Indikatoren für die Klassifizierung der Gesundheitssysteme und der Verwendung der Daten.[295] Der erste Indikator, den Wendt für die Klassifizierung der Gesundheitssysteme heranzieht, vergleicht die **Gesundheitsausgaben** pro Kopf. Dafür werden Kaufkraftparitäten genutzt.[296]

293 Vgl. Wendt, C. (2009b), S. 432.
294 Quelle: Eigene Darstellung in Anlehnung an Wendt, C. (2009b), S. 434-436.
295 Vgl. Wendt, C. (2009b), S. 434-438.
296 Vgl. Wendt, C. (2009b), S. 434.

Auch die Methode der **Finanzierung** wird untersucht. Dazu analysiert Wendt den Anteil öffentlicher Finanzierung, der Auskunft über das Potential des Staates geben soll, die Gesundheitskosten zu stabilisieren, und den Anteil privater Zahlungen („out-of-pocket"), der die Zugänglichkeit zur Gesundheitsversorgung beeinflusst.[297]

Auf der Produktionsseite wird die **Bereitstellung medizinischer Versorgung** analysiert. Dazu dienen zwei Indizes, die Ergebnis einer Faktoranalyse (mit Daten über Spezialisten, Krankenhauspflegekräfte, Allgemein- und Zahnärzte sowie Pharmazeuten) sind: Der Index stationärer Versorgung („inpatient care index") umfasst Spezialisten und Pflegekräfte in Krankenhäusern. Der Index ambulanter Versorgung („outpatient care index") umfasst Allgemeinmediziner und Pharmazeuten. „The indices provide information on whether healthcare systems rely to a higher extent on primary healthcare (general practitioners, pharmacists) or on specialist healthcare (specialists, hospital nurses)."[298] Die Anzahl der Spezialisten, Pflegekräfte, Allgemeinmediziner und Pharmazeuten pro 1.000 Einwohner wurde standardisiert bzw. als Prozentsatz des EU-15-Durchschnitts ausgedrückt. Die Indizes sind Mittelwerte der jeweiligen Indikatoren.[299]

Zudem werden **institutionelle Charakteristika** untersucht, die den Zugang zur medizinischen Versorgung beeinflussen. Dazu gehört die grundsätzliche Art der Zugangsberechtigung. Wendt unterscheidet den Zugang durch Staatsangehörigkeit, Sozialversicherungsbeiträge, private Versicherungen und Zahlungen aus eigener Tasche. Private und Sozialversicherungsbeiträge können eine höhere Inanspruchnahme mit sich bringen. Der zweite Indikator in diesem Bereich analysiert die Vergütung der Allgemeinärzte. Der Autor unterscheidet die Entlohnung frei nach Leistungen, pro Fall, pro Kopf und in Anstellung. Neben der Einkommenskontrolle beeinflusst die Art der Vergütung auch das Arbeitspensum und gibt Auskunft über den Grad der Autonomie der Ärzte. Auch die Regulierung des Zugangs zu Leistungserbringern wird analysiert. Wendt berücksichtigt dabei das Gatekeeper-Prinzip bzw. Hausarztmodell, Restriktionen beim Zugang zu fachärztli-

---

297 Vgl. Wendt, C. (2009b), S. 434-435.
298 Wendt, C. (2009b), S. 435.
299 Vgl. Wendt, C. (2009b), S. 435-438.

cher Versorgung und mögliche Zuzahlungen, um das Überweisungsprinzip zu Fachärzten zu umgehen. Der kombinierte Index, der die Regulierung des Zuganges abbilden soll („access regulation index“), erstreckt sich von der freien Arztwahl bis hin zum Gatekeeper-Modell, in dem sich Patienten längerfristig an einen Hausarzt als Erstanlaufstelle binden und für die fachärztliche Versorgung eine Überweisung benötigen.[300]

Tabelle 19 gibt einen Überblick über die Vergleichsgegenstände und die Daten, die von der OECD (Gesundheitsdaten 2007) sowie Reibling und Wendt[301] stammen.

300 Vgl. Wendt, C. (2009b), S. 435-436.
301 Vgl. hierzu Reibling, N., Wendt, C. (2008).

	Gesundheitsausgaben und Finanzierung			Leistungserbringer: Indizes		Institutionelle Indikatoren		Regulierung des Zugangs		
	Ausgaben/Kopf	öffentlich	out-of-pocket	stationär	ambulant	Zugangsberechtigung[a]	Vergütung Allgemeinärzte	Gatekeeper	Spezialisten[b]	Index[c]
Belgien	2,452	76,6 %	22,2 %	84,6 %	193,0 %	0	frei	nein	1	1
Dänemark	2,561	82,7 %	15,9 %	105,2 %	53,7 %	1	Capitation	ja	2	3
Deutschland	2,754	79,3 %	11,5 %	120,8 %	102,6 %	0	frei	nein	0	0
Finnland	1,861	75,9 %	19,7 %	89,9 %	136,4 %	1	Anstellung	ja	2	3
Frankreich	2,649	78,3 %	7,5 %	90,2 %	163,7 %	0	frei	nein	0	0
Griechenland	2,178	47,4 %	42,4 %	111,6 %	68,4 %	1	Anstellung	nein	0	0
Großbritannien	2,034	83,0 %	11,0 %	91,4 %	73,3 %	1	Capitation	ja	2	3
Irland	2,151	73,6 %	12,5 %	107,0 %	80,1 %	1	Capitation	ja	1	2
Italien	2,188	74,6 %	22,1 %	101,0 %	122,6 %	1	Capitation	ja	2	3
Luxemburg	3,270	87,9 %	6,5 %	120,2 %	85,5 %	0	frei	nein	0	0
Niederlande	2,525	62,8 %	8,7 %	109,2 %	42,0 %	0	Capitation	ja	0	0
Österreich	2,898	75,7 %	17,0 %	109,9 %	120,2 %	0	frei	nein	1	1
Portugal	1,685	71,5 %	23,2 %	68,6 %	74,3 %	1	Anstellung	ja	2	3
Schweden	2,409	84,9 %	15,1 %	109,1 %	73,8 %	1	Anstellung	ja	1	2
Spanien	1,617	71,2 %	23,9 %	91,2 %	110,4 %	1	Anstellung	ja	2	3

[a] Sozialversicherung = 0, Staatsbürgerschaft = 1.
[b] Frei = 0; Umgehung durch Zuzahlung = 1, Überweisung = 2.
[c] Für die Indexberechnung: Gatekeeper: nein = 0, ja = 1.

Tabelle 19: Wendt: Vergleich der Gesundheitssysteme, Daten aus 2001[302]

Nach Luxemburg und Österreich waren die kaufkraftbereinigten Pro-Kopf-Ausgaben für Gesundheit in Deutschland 2001 am höchsten. Der Anteil öffentlicher Finanzierung reichte von 47,4 % in Griechenland bis 87,9 % in Luxemburg. In Deutschland lag dieser bei 79,3 %. Der Anteil der Zahlungen variierte stark von 6,5 % in Luxemburg bis 42,4 % in Griechenland. 11,5 % waren in Deutschland zu verzeichnen. Der ambulante und der stationäre Index, die die Leistungserbringerdichte abbilden sollen, lagen hierzulande über dem EU-15-Durchschnitt. Die Zugangsberechtigung zum deutschen Gesundheitswesen garantierte vornehm-

302 Quelle: Eigene Darstellung in Anlehnung an Wendt, C. (2009b), S. 437.

lich die Sozialversicherung. Die Vergütung der Allgemeinmediziner erfolgte vorwiegend frei. Da der Hausarzt meist nicht als Gatekeeper fungierte und der Zugang zu Spezialisten als frei eingestuft wurde, deutet der Regulierungsindex einen uneingeschränkten Zugang zur Gesundheitsversorgung in Deutschland an.

4.6.2 Clusteranalyse

Auf Basis der Daten, die im vorigen Abschnitt beschrieben wurden, führt Wendt eine agglomerative, hierarchische Clusteranalyse durch. Die Datenstruktur wird durch drei Cluster dargestellt. Die Niederlande und Griechenland können keinem Cluster zugeordnet werden. Zum ersten Cluster gehören Österreich, Belgien, Frankreich, Deutschland und Luxemburg. Deren Gesundheitssysteme sind durch hohe Ausgaben, einen hohen Anteil öffentlicher Finanzierung und einen geringen Anteil von Zahlungen aus eigener Tasche gekennzeichnet. „The high level of health expenditure is translated into a moderate level of inpatient and a high level of outpatient healthcare."[303] Die Autonomie der Ärzte ist stark ausgeprägt. Gleiches gilt für die Wahlfreiheit der Patienten.[304]

Das dänische, britische, schwedische, italienische und irische Gesundheitssystem bilden das zweite Cluster, für das mittelhohe Ausgaben, ein hoher Anteil öffentlicher Finanzierung, ein moderater Anteil von Zuzahlungen und – im Vergleich zum ersten Cluster – eine geringere Dichte ambulanter Leistungserbringer charakteristisch sind. Der Zugang zur medizinischen Versorgung und das Einkommen der Ärzte sind stark reguliert.[305]

Das dritte Cluster bestehend aus Portugal, Spanien und Finnland weist geringere Ausgaben auf. Ein hoher Anteil von Zahlungen aus eigener Tasche und institutionelle Charakteristika deuten auf eine starke Regulierung des Zugangs zur Gesundheitsversorgung hin. Die Dichte stationärer Leistungserbringer ist gering, die Dichte ambulanter Leistungserbringer moderat. Allgemeinmediziner sind vornehmlich angestellt.[306]

---

303 Wendt, C. (2009b), S. 438.
304 Vgl. Wendt, C. (2009b), S. 438.
305 Vgl. Wendt, C. (2009b), S. 438-439.
306 Vgl. Wendt, C. (2009b), S. 439.

Auf Basis dieser Analyse unterscheidet Wend drei Typen von Gesundheitssystemen:

- Cluster 1: Bereitstellungsbezogener Typ,
- Cluster 2: Typ mit genereller Abdeckung und reguliertem Zugang und
- Cluster 3: Typ mit geringen Ausgaben und beschränktem Zugang.[307]

4.6.3 Beurteilung

Wendt priorisiert in seiner Analyse die Einteilung von Gesundheitssystemen in verschiedene Gruppen bzw. die Erstellung dieser Gruppen selbst. Die Indikatoren ermöglichen jedoch auch den Vergleich der Systeme. Mit den kaufkraftbereinigten Pro-Kopf-Ausgaben wird die Kostenseite abgebildet. Außerdem werden der Anteil öffentlicher Finanzierung und die Art der Entlohnung von Allgemeinärzten berücksichtigt. Strukturdaten, die einen Vergleich des Zugangs zu bzw. der Verfügbarkeit medizinischer Versorgung ermöglichen, werden durch die Indizes stationärer und ambulanter Versorgung abgebildet. Regionale Unterschiede innerhalb der Vergleichsländer und unterschiedliche Arbeitszeit der hier erfassten Berufsgruppen in den Vergleichsländern werden nicht abgebildet. Reglementierungen des Zugangs und monetäre Hürden werden dagegen dargestellt: Durch die Erfassung der Existenz eines Gatekeepers, von Zugangsbarrieren zu Spezialisten, einem Index aus diesen beiden Indikatoren sowie durch den Anteil privater Zuzahlungen. Außerdem wird die Art der Zugangsberechtigung analysiert. Outcomegrößen und Indikatoren, die die Leistungsinanspruchnahme messen, sind nicht enthalten. Ein Vergleich der Effektivität und Effizienz ist somit nicht möglich. Auch die Patientensicherheit wird nicht berücksichtigt.

4.7 Gesundheitssystemvergleich von Schölkopf

Die aktuelle Veröffentlichung „Das Gesundheitswesen im internationalen Vergleich" von Martin Schölkopf stellt dem deutschen Gesundheitssystem 21 weitere Systeme aus den USA, Kanada, Japan, Australien, Neuseeland und aus Westeuropa – Großbritannien, Irland, Portugal, Griechenland, Italien, Spanien, Dänemark,

[307] Vgl. Wendt, C. (2009b), S. 441-442.

Finnland, Norwegen, Schweden, Österreich, Frankreich, Belgien, Luxemburg, der Schweiz und den Niederlanden – gegenüber. Hauptdatenquelle für diesen Vergleich ist die Datenbank Health Data der OECD. Gegenstand des Vergleichs ist eine Vielzahl von Analysen bezüglich der Finanzierung, stationären und ambulanten Versorgung, der Arzneimittelversorgung sowie der Leistungsfähigkeit von Gesundheitssystemen im Sinne von Effizienz, Qualität und Nutzenorientierung.[308]

4.7.1 Querschnittvergleiche der Gesundheitssysteme

Der Gesundheitssystemvergleich Schölkopfs ist sehr umfangreich und enthält auch viele Vergleichsdimensionen, die sich mit Struktur und Charakteristika von Gesundheitssystemen beschäftigen, die aber für die Frage nach der Qualität des deutschen Gesundheitswesens nicht relevant sind. Die Ausführungen beschränken sich deshalb auf ausgewählte Elemente. Die für den Vergleich herangezogenen Bereiche und die dafür verwendeten Indikatoren sind in Abbildung 14 dargestellt.

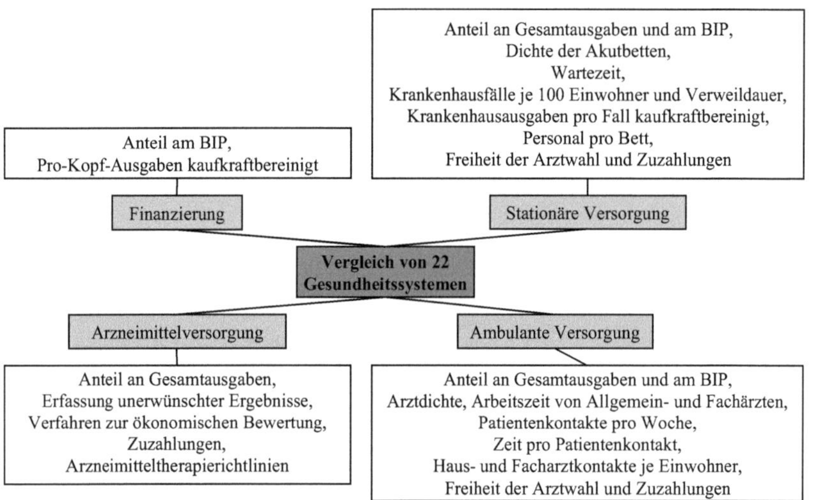

Abbildung 14: Schölkopf: Bereiche und Indikatoren[309]

308 Vgl. Schölkopf, M. (2010).

309 Quelle: Eigene Darstellung in Anlehnung an Schölkopf, M. (2010), S. 79-167.

Erster Vergleichsgegenstand ist die **Finanzierung** der Systeme. Schölkopf wählt zunächst den Anteil am BIP, der für Gesundheit verwendet wird, um die Länder zu vergleichen. Daten aus dem Jahr 2007 weisen den USA mit 16 % den größten Anteil zu. Nach Frankreich und der Schweiz gab Deutschland den vierthöchsten Anteil für Gesundheit aus. Der gleichen Quelle der OECD ist zu entnehmen, dass Deutschland nach Frankreich und Dänemark den drittgrößten Anteil für Gesundheitsausgaben aus öffentlicher Hand[310] aufwies. Schölkopf nutzt neben dem BIP einen weiteren Vergleichsmaßstab und analysiert die Gesundheitsausgaben pro Kopf. Bei dieser Betrachtung ist Deutschland im Mittelfeld der Vergleichsländer zu finden. Im Jahr 2007 wurden in der Bundesrepublik pro Einwohner nach Kaufkraftbereinigung 3.588 US-Dollar ausgegeben. Die USA gaben mit 7.290 US-Dollar mehr als doppelt so viel pro Kopf für Gesundheit – und damit deutlich mehr als jedes andere Vergleichsland – aus. Wie das Fritz Beske Institut betont auch Schölkopf, dass die deutsche Wiedervereinigung durch das relative Zurückbleiben des BIP in Gesamtdeutschland zu einem Anstieg der Ausgabenquote in Bezug auf die Wirtschaftsleistung geführt hat. Die Pro-Kopf-Ausgaben blieben auf einem etwa gleichen Niveau, von einer Kostenexplosion im deutschen Gesundheitswesen könne deshalb keine Rede sein. Schölkopf weist außerdem darauf hin, dass die Gesundheitsausgaben in Deutschland nur wenig höher sind, als dies zu erwarten wäre, wenn man den Zusammenhang zwischen Gesundheitsausgaben pro Einwohner und BIP pro Einwohner als Referenzgröße verwendet.[311]

Die **stationäre Versorgung** ist der zweite Bereich, der zum Vergleich der Gesundheitssysteme herangezogen wird. Schölkopf weist drauf hin, dass der Kostenanteil für die stationäre Versorgung an den Gesamtausgaben für Gesundheit nicht nur von der Wirtschaftlichkeit in diesem Bereich, vom Niveau der Bezahlung und dem Betreuungsschlüssel abhängt, sondern auch von den Behandlungspfaden[312] und Versorgungsstrukturen in den jeweiligen Ländern. Deshalb wären mehr Detailanalysen erforderlich. Solche liegen jedoch nur in begrenztem Um-

[310] Für Deutschland sind dies insbesondere Ausgaben der gesetzlichen Krankenversicherung, für die Beihilfe für Beamtete und für den öffentlichen Gesundheitsdienst sowie für Krankenhausinvestitionen. Vgl. hierzu Schölkopf, M. (2010), S. 80.

[311] Vgl. Schölkopf, M. (2010), S. 79-83.

[312] Behandlungspfade in diesem Sinne drücken aus welche Behandlungen im Regelfall ambulant oder stationär durchgeführt werden. Vgl. hierzu Schölkopf, M. (2010), S. 103.

fang vor. Mit einem Anteil von knapp 30 % im Jahr 2007 – nur Kanada unterschritt diesen Anteil – erscheint die Leistungserbringung durch Krankenhäuser in der Bundesrepublik wirtschaftlich. Auch der Anteil am BIP für die Krankenhausversorgung von 3 % im selben Jahr deutet darauf hin. Nur in Luxemburg, Finnland, Kanada und Belgien war dieser Anteil geringer.[313]

Um zu beurteilen, welche Leistungen den Ausgaben für stationäre Versorgung gegenüberstehen, zieht Schölkopf zunächst die Dichte an Akutbetten heran. Deutschland stellte im Jahr 2007 pro 1.000 Einwohner 5,7 Akutbetten zur Verfügung. Nur Japan (8,2) und Österreich (6,1) übertrafen diese Anzahl. Das Versorgungsniveau im stationären Sektor ist damit in der Bundesrepublik im internationalen Vergleich als hoch einzustufen. Schölkopf verweist auf einen Bericht der OECD, der für die Jahre 2001/2002 Wartelistenprobleme in der medizinischen Versorgung für neun europäische Länder wie auch für Australien, Kanada und Neuseeland aufzeigt. Japan, die USA und sechs europäische Länder, darunter Deutschland, hatten keine Probleme dieser Art. Länder mit Wartezeitproblemen haben allerdings zwischenzeitlich reagiert und die Gesundheitsbudgets aufgestockt.[314]

„Will man die Wirtschaftlichkeit des Krankenhaussektors unterschiedlicher Länder analysieren, kann man z. B. die hierfür verwendeten Ausgaben mit den tatsächlich erbrachten Leistungen vergleichen.“[315] Als Indikator führt Schölkopf die Zahl der Fälle, die in den Krankenhäusern der Vergleichsländer behandelt wurden, an. Nach Österreich und Frankreich mit 27 bis 28 Fällen pro 100 Einwohner wies Deutschland 2007 mit 22,7 Fällen je 100 Einwohner die höchste Krankenhausfallzahl auf. Der Vergleich von Fallzahlen mit den Kosten zeigt, dass „bei einer im Durchschnitt liegenden Ausgabeintensität […] hierzulande eine deutlich überdurchschnittliche Zahl von Behandlungsfällen versorgt [werden].“[316] Damit ist die deutsche Krankenhausversorgung als effizient anzusehen. Schölkopf weist daraufhin, dass ein hoher Anteil an ambulanten Operationen in einigen Ländern die durchschnittlichen Fallkosten im stationären Bereich noch oben treibt, da hier

313 Vgl. Schölkopf, M. (2010), S. 103-104.
314 Vgl. Schölkopf, M. (2010), S.105-108.
315 Schölkopf, M. (2010), S. 109.
316 Schölkopf, M. (2010), S. 109.

vorwiegend schwere Fälle behandelt werden. Wie schon bei der Beurteilung des Vergleichs des Fritz Beske Instituts erwähnt, können ambulant durchgeführte Operationen auch die durchschnittliche Verweildauer anheben. Diese Überlegungen müssen in die folgende Analyse der Krankenhausverweildauer und der Kosten je Fall einbezogen werden. Schölkopf verweist auf Daten der OECD, nach denen auf Deutschland 2007 mit 7,8 Tagen nach Japan mit 19 Tagen die längste durchschnittliche Verweildauer entfiel. Schölkopf stellt fest, dass sich die Krankenhausausgaben je Fall 2006 in Deutschland nach Kaufkraftbereinigung auf 4.852 US-Dollar beliefen. Nur Frankreich, Österreich und Finnland unterschritten diesen Wert.[317]

Etwa 70 % der Kosten für die stationäre Versorgung sind Personalkosten. Die niedrigen Fallkosten in Deutschland hängen „mit der im internationalen Vergleich sehr schlechten Personalausstattung“[318] der Krankenhäuser zusammen. Mit Hilfe der Datenbank Health Data 2008 der OECD stellt Schöllkopf fest, dass in der Bundesrepublik lediglich zwei Personalstellen auf ein Krankenhausbett kamen. Nur in Frankreich und Portugal lag diese Quote darunter, in den USA (5,4), Norwegen (4,86) und Kanada (4,3) war sie mehr als doppelt so hoch. Damit scheint ein Mangel der Strukturqualität im stationären Sektor vorzuliegen.[319]

Besser schneidet das deutsche Krankenhaussystemen in Bezug auf die organisatorischen Aspekte ab. In Deutschland existieren keine Wartezeiten, es herrscht freie Arztwahl und die Zuzahlungen für stationäre Versorgung belaufen sich auf maximal 10 Euro pro Tag für maximal 28 Tage Verweildauer im Jahr.[320]

Der dritte Bereich für den Vergleich der 22 Gesundheitssysteme ist **die ambulante Versorgung**. Da die Daten der OECD, neben den Ausgaben für ambulante ärztliche Leistungen, auch Ausgaben für zahnärztliche Versorgung, Physiotherapie, Krankentransporte und ambulante Krankenpflege erfassen, kann bei der Kostenbetrachtung lediglich auf Zahlen auf diesem aggregierten Niveau zurückgegriffen werden. Der Anteil der Gesundheitsausgaben für ambulante Versorgung lag

317 Vgl. Schölkopf, M. (2010), S. 108-111.
318 Schölkopf, M. (2010), S. 112.
319 Vgl. Schölkopf, M. (2010), S. 111-112.
320 Vgl. Schölkopf, M. (2010), S. 112-114.

im Jahr 2007 in Deutschland bei 30,6 %. In Australien, den USA, Portugal und der Schweiz war der Anteil höher. In den drei erstgenannten Ländern überschritt der Anteil sogar ein Drittel der Gesamtausgaben. Australien, Deutschland und Portugal gaben im gleichen Zeitraum 3,1 % ihres BIP für die ambulante Versorgung aus, die Schweiz 3,4 % und die USA führen die Liste mit 5,5 % an.[321]

Wie bei der stationären Versorgung, stellt Schölkopf auch im ambulanten Bereich den Ausgaben Versorgungskapazitäten gegenüber. Im internationalen Vergleich lag Deutschland mit einer Dichte von 3,5 Ärzten pro 1.000 Einwohner im oberen Mittelfeld. Die höchst Dichte wies Griechenland mit 5,35 und die geringste Dichte Japan mit 2,09 Ärzten je 1.000 Einwohner auf. „Eine drohende Unterversorgung mit Medizinern ist damit hierzulande derzeit wohl eher nicht gegeben – jedenfalls dann nicht, wenn man als Referenzmaßstab die Versorgungssituation in anderen Ländern gelten lässt."[322] Daten aus 2004 zeigen zudem, dass die Wochenarbeitsstunden deutscher Haus- und Fachärzte höher waren als die ihrer Kollegen in anderen Ländern Europas und Nordamerikas. Eine Erhebung des Commonwealth Fund aus dem Jahr 2006 bestätigt diese Tendenz. Deutsche Ärzte arbeiteten länger als ihre Kollegen in Australien, Kanada, Niederlande, Neuseeland, Großbritannien und den USA.[323]

Auch die Inanspruchnahme wird analysiert. In den Vergleichsländern hatten Ärzte 102 bis 154 Patientenkontakte pro Woche, in Deutschland lag die im Jahr 2006 erhobene Zahl bei 243. Die durchschnittliche Zeit pro Patientenkontakt lag in Deutschland bei gerade 7,8 Minuten und damit unterhalb aller Werte der Vergleichsländer. In den USA lag ein durchschnittlicher Arztbesuch bei 19,1 Minuten. Schölkopf verweist zudem auf Daten, die die Kontakte von Haus- bzw. Fachärzten und Patienten für eine Beratung, Untersuchung oder Behandlung pro Kopf im Jahr 2004 ausweisen. Berücksichtigt sind 15 EU-Mitgliedsstaaten[324]. Dabei werden auch ambulante Leistungen an Krankenhäusern berücksichtigt. In Belgien suchten die Versicherten durchschnittlich mit 4,5 Kontakten am häufigsten einen

[321] Vgl. Schölkopf, M. (2010), S. 123-124.
[322] Schölkopf, M. (2010), S. 125.
[323] Vgl. Schölkopf, M. (2010), S. 125-132.
[324] Dies sind Belgien, Dänemark, Deutschland, Finnland, Frankreich, Griechenland, Großbritannien, Italien, Irland, Luxemburg, Niederlande, Österreich, Portugal, Schweden und Spanien. Vgl. hierzu Schölkopf, M. (2010), S. 129.

Hausarzt auf. Die zweithäufigsten Hausarztkontakte – 4,3 pro Patient – fanden in Deutschland statt. Die Facharztkontakte je Einwohner waren 2004 in der Bundesrepublik mit 4,8 Kontakten je Einwohner sogar deutlich höher als in allen anderen Vergleichsländern. In Luxemburg, dem Land mit den zweithäufigsten Facharztbesuchen in 2004, waren 3,3 Kontakte pro Einwohner zu verzeichnen. Insgesamt kontaktierte jeder Deutsche ambulant tätige Ärzte durchschnittlich neunmal pro Jahr – deutlich häufiger als andere Westeuropäer.[325]

Im Bezug auf die Organisation der hausärztlichen Versorgung stellt Schölkopf fest, dass es in Deutschland eine freie Arztwahl bei einmaligen Praxisgebühren von 10 Euro pro Quartal gibt. Die ambulante fachärztliche Versorgung ist in Deutschland durch eingeschränkte Möglichkeiten der Krankenhäuser und einen freien Zugang zu fachärztlicher Versorgung geprägt. Praxisgebühren fallen in gleichem Ausmaß wie bei der hausärztlichen Versorgung an, wenn keine Überweisung vorliege.[326]

Die **Arzneimittelversorgung** ist Gegenstand des vierten Bereichs, der dem Vergleich der 22 Gesundheitssysteme dient. Schölkopf betrachtet zunächst die Ausgabenseite. Im Jahr 2007 lag der Anteil der Arzneimittelausgaben an den Gesamtausgaben für Gesundheit in Deutschland bei 15,1 %. Die Bandbreite innerhalb der Vergleichsländer reicht von 8 % in Norwegen bis 28,8 % in Griechenland. Für diese enormen Unterschiede gibt es drei Gründe: Die versorgungsstrukturelle Zuweisung der Kosten,[327] Preisunterschiede in Folge unterschiedlicher Regelungen bezüglich der Preissetzung und der Mehrwertsteuer sowie die Verbrauchsmenge.[328]

Im Zuge der Beschreibung von Zulassungsverfahren wird auch die Sicherheit von Arzneimitteln angesprochen. Neben nationalen Behörden existiert in Europa die Arzneimittelagentur European Agency for the Evaluation of Medicinical Products (EMEA), die für die zentrale Zulassung von Arzneimitteln zuständig ist. Die

325 Vgl. Schölkopf, M. (2010), S. 125-132
326 Vgl. Schölkopf, M. (2010), S. 132-137.
327 Im Krankenhaus verabreichte Arzneimittel werden den Krankenhausausgaben zugeordnet. Die fachärztliche Versorgung kann je nach Land vornehmlich innerhalb oder außerhalb von Krankenhäusern sattfinden. Vgl. hierzu Schölkopf, M. (2010), S. 145.
328 Vgl. Schölkopf, M. (2010), S. 145-146.

EMEA befasst sich auch mit der Arzneimittelsicherheit und koordiniert Arzneimittelsicherheitsmaßnahmen. Die Informationen werden von nationalen Stellen übermittelt. In Deutschland ist eine Meldepflicht unerwünschter Arzneimittelwirkungen in der ärztlichen Berufsordnung verankert. Experten beklagten jedoch, dass derartige Systeme „tendenziell zu einer zu niedrigen bzw. fehlerhaften Meldequote [führen].“[329] In Großbritannien werden unerwünschte Arzneimittelwirkungen dagegen systematisch erfasst. Dies gelingt mit Prescription Event Monitoring, einem Programm, das nach der Markteinführung die ersten 10.000 Patienten identifiziert, um gegebenenfalls unerwünschte Wirkungen zu erfassen. In Frankreich existieren 32, in der Schweiz sechs regionale bzw. spezialisierte Pharmakovigilanzzentren, die gezielt nach unerwünschten Nebenwirkungen suchen. Schölkopf stellt fest, dass sich solche Zentren in Deutschland noch im Aufbau befinden. „Noch in den Kinderschuhen“[330] steckt im Gegensatz zu anderen Vergleichsländern auch die ökonomische Bewertung von Arzneimitteln durch das Institut für Qualität und Wirtschaftlichkeit im Gesundheitswesen (IQWIG).[331]

Die Zuzahlungen für Arzneimittel in Deutschland liegen bei 10 % des Abgabepreises, jedoch mindestens bei fünf und höchstens bei 10 Euro. In anderen Ländern sind die Zuzahlungsraten deutlich höher. In Spanien beispielsweise bei 40 % und in Frankreich sogar bis zu 65 % für Arzneimittel, deren klinische Wirkung als gering eingestuft wird. In den meisten Gesundheitssystemen sind Ausnahmen von Zuzahlungen verankert. In Deutschland, Belgien, Großbritannien, Irland und Österreich gibt es daneben Mechanismen zur Vermeidung finanzieller Überforderung. Ferner merkt Schölkopf an, dass es in Deutschland keine Arzneimitteltherapieleitlinien auf nationaler und auch nicht in gleichem Umfang wie in angelsächsischen Ländern auf dezentraler Ebene der Krankenhäuser gibt.[332]

4.7.2 Beurteilung

Die eigentliche Gegenüberstellung und Beurteilung der 22 Gesundheitssysteme durch Schölkopf stützt sich auf Querschnittvergleiche in den Bereichen Finanzie-

[329] Schölkopf, M. (2010), S. 150.
[330] Schölkopf, M. (2010), S. 156.
[331] Vgl. Schölkopf, M. (2010), S. 149- 156.
[332] Vgl. Schölkopf, M. (2010), S. 164-167.

rung, stationäre Versorgung, ambulante ärztliche Versorgung und Arzneimittelversorgung, wie im letzten Abschnitt beschrieben. Eine zusammenfassende Gesamtbewertung, wie im Gesundheitssystemvergleich des Fritz Beske Instituts, oder gar ein abschließendes Ranking wie im World Health Report 2000, ist beim Systemvergleichs Schölkopfs nicht zu finden. Zwar widmet Schölkopf der Leistungsfähigkeit von Gesundheitssystemen in Bezug auf die Effizienz, Qualität und Nutzenorientierung ein eigenes Kapitel, darin werden jedoch lediglich Ergebnisse anderer Autoren und Institutionen zusammengefasst. Schölkopf bezieht sich dabei auch auf den World Health Report 2000 der WHO und auf die Studie des Fritz Beske Instituts. Diese Publikationen wurden in Kapitel 4.1 bzw. Kapitel 4.3 thematisiert.[333]

Die Effektivität sowie die Effizienz der 22 Vergleichssysteme berücksichtigt Schölkopf im Zuge der Querschnittvergleiche nur indirekt. Der Ausgabenseite werden zwar Leistungsaspekte gegenübergestellt, diese beschäftigen sich allerdings mit der Struktur und Organisation der stationären, ambulanten Versorgung und der Arzneimittelversorgung. Outcomegrößen im Sinne der Zweckerfüllung eines Gesundheitssystems sind nicht Gegenstand der Vergleiche. Der „Frage, was die Gesundheitssysteme für die jeweils eingesetzten Finanzmittel bieten bzw. mit welchem Erfolg sie […] Ressourcen an Personal und Einrichtungen einsetzten“[334], wird lediglich anhand der Ergebnisse anderer Untersuchungen nachgegangen. Schölkopf trägt damit eher zur Beurteilung der Strukturqualität denn zur Bewertung der Effektivität im Sinne der Ergebnisqualität oder der Effizienz bei.

Die Dichte der Akutbetten, das Personal je Krankenhausbett und die Ärztedichte sowie die Arbeitswochenstunden von Allgemein- und Fachärzten geben Auskunft über die Zugänglichkeit der medizinischen Versorgung. Allerdings werden ausschließlich durchschnittliche Werte für die Vergleichsländer herangezogen. Regionale Differenzen und Unterschiede zwischen Städten und ländlichen Gebieten bleiben unberücksichtigt. Aber die Inanspruchnahme und Ausgestaltung der Leistungen wird analysiert. Dazu dienen die Krankenhausfälle, Patientenkontakte und die Zeit pro Patientenkontakt. Wie schon erwähnt, ist die Aussagekraft der Ver-

333 Vgl. Schölkopf, M. (2010), S. 170-195.
334 Schölkopf, M. (2010), S. 169.

weildauer zweifelhaft, da diese nicht nach Diagnosen unterschieden wird. Vergleiche bezüglich Wartezeiten, Freiheit der Arztwahl und der Zeit je Patientenkontakt beleuchten Aspekte der Patientenorientierung. Nicht berücksichtigt wird die Gerechtigkeit bzw. Gleichheit der Versorgung unabhängig von individuellen Charakteristika. Die Sicherheit im Sinne der Minimierung von Risiken und Schädigungen von Leistungsnehmern wird im Bereich der Arzneimittelversorgung angeschnitten. Indikatoren hierfür sind die Existenz von Arzneimitteltherapierichtlinien und die Existenz von geeigneten Verfahren zur Erfassung von unerwünschten Nebenwirkungen.

Die ausführliche Gegenüberstellung der Gesundheitssysteme beschränkt sich vornehmlich auf strukturelle und organisatorische Aspekte und weist insbesondere bei der Bewertung der Ergebnisse der Versorgung Lücken auf. Es wird deutlich, dass Schölkopf das deutsche Gesundheitssystem besser bewertet als der World Health Report 2000, auf den er stellenweise Bezug nimmt.

4.8 Vergleich von Koch, Schürmann und Sawicki

Die Veröffentlichung aus dem Jahr 2010 „Das deutsche Gesundheitswesen im internationalen Vergleich. Die Perspektive der Patienten" von Koch, Schürmann und Sawicki stellt dem deutschen System die Gesundheitssysteme Australiens, Frankreichs, Großbritanniens, Kanadas, Neuseelands, der Niederlande und der USA gegenüber. Vergleichsgegenstand ist insbesondere die Qualität der Versorgung aus Sicht von Erwachsenen mit schwererer Erkrankung. Die Daten stammen vornehmlich aus einer Befragung des Commonwealth Funds aus dem Jahr 2008. Das IQWIG, für das auch die Autoren der vorliegenden Veröffentlichung tätig sind, finanzierte die Erhebung in Deutschland und wirkte bei der Konzipierung mit.[335]

4.8.1 Vergleichsdimensionen

Unter allen Teilnehmern wurden Personen befragt, die das 18. Lebensjahr vollendet hatten und ihren eigenen Angaben zufolge einen weniger guten oder schlechten Gesundheitszustand hatten, an einer chronischen Krankheit oder Behinderung

[335] Vgl. Koch, K., Schürmann, C., Sawicki, P. (2010), S. 427.

litten oder innerhalb der vergangenen beiden Jahre stationär versorgt wurden oder sich einer schwerwiegenden Operation unterzogen hatten. Stationäre Aufenthalte wegen Entbindungen ohne Komplikationen blieben unberücksichtigt. Teilnehmer, die diese Einschlusskriterien erfüllten, werden in den folgenden Ausführungen als Befragte bezeichnet. Ihnen wurden Fragen zu verschiedenen Aspekten gestellt:[336]

- „generelle Bewertung des Gesundheitssystems und der Gesundheitsversorgung
- Zugang zu Gesundheitsleistungen, einschließlich Wartezeiten und Verzögerungen
- Verhältnis zu Hausarzt und Spezialisten, einschließlich Abstimmung der Versorgung und der Arzneimitteltherapie
- Erfahrungen im Krankenhaus und in Notfallambulanzen
- Einnahme von verschreibungspflichtigen Arzneimitteln, einschließlich Abstimmung der Therapie mit mehreren Arzneimitteln und Betrachtung der Kosten
- Patientensicherheit, einschließlich medizinischer Fehler bei der Gabe von Medikamenten, Übermittlung falscher Diagnoseergebnisse oder Verzögerungen bei der Information über Ergebnisse
- Erfahrungen mit präventiven Maßnahmen, einschließlich Nachbetreuung und dem Management chronischer Krankheiten
- Zugang zu Informationstechnologie, einschließlich der Möglichkeit der E-Mail-Korrespondenz mit dem Hausarzt und Zugang zur Krankenakte
- Umfang der Krankenversicherung, zusätzliche finanzielle Belastungen durch Krankheit.“[337]

Koch, Schürmann und Sawicki vergleichen zunächst die **gesundheitlichen Probleme** aller Teilnehmer. Der Anteil der Teilnehmer, die den eigenen Gesundheitszustand als weniger gut oder schlecht einschätzten, reicht von 13 % in Kanada bis

[336] Vgl. Koch, K., Schürmann, C., Sawicki, P. (2010), S. 427-428.
[337] Koch, K., Schürmann, C., Sawicki, P. (2010), S. 427.

23 % in Großbritannien. In Deutschland liegt dieser Anteil bei 16 %. Der Anteil jener Teilnehmer, die mindestens eines der oben genannten Einschlusskriterien erfüllten, liegt zwischen 33 % in Kanada und 45 % in Australien. In Deutschland sind es 34 %.[338]

Bei der **generellen Bewertung** des Gesundheitssystems und der Gesundheitsversorgung ist festzustellen, dass in Deutschland zwei völlig unterschiedliche Positionen vertreten werden: Ein Viertel der Befragten halten das Gesundheitssystem für so schlecht, dass es grundlegend reformiert werden muss. Lediglich in den USA ist diese Ablehnung des Systems mit 30 % größer gewesen. Demgegenüber haben 24 % der Befragten geäußert, dass das deutsche Gesundheitssystem grundsätzlich nicht schlecht funktioniert und nur kleinere Änderungen vorgenommen werden müssten, um es noch besser zu machen. Die Hälfte der Befragten bescheinigen dem System gute Ansätze, dennoch wären einige Änderungen notwendig.[339]

Die Bewertung der **Qualität der medizinischen Versorgung** in den Vergleichsländern fiel sehr unterschiedlich aus: Der Anteil an den Befragten, die die Qualität als ausgezeichnet bzw. sehr gut beurteilten, reicht von 34 % in Deutschland bis 66 % in Neuseeland. Die Deutschen vergaben diese bestmögliche Beurteilung also anteilig am seltensten. Der Anteil der Befragten, die die Qualität als weniger gut bzw. schlecht beurteilten, ist mit 12 % in Deutschland allerdings eher niedrig. Die Spanne reicht hier von 9 % in Frankreich bis 19 % in den USA. Mehr als die Hälfte (53 %) der Befragten in Deutschland beurteilte die Qualität als gut.[340]

Beim Vergleich des **Umfangs der Krankenversicherung und der Zusatzkosten** stellen Koch, Schürmann und Sawicki fest, dass in allen Vergleichsländern neben der öffentlichen bzw. staatlichen Versicherung auch die Möglichkeit existiert, sich privat zu versichern oder eine private Zusatzversicherung abzuschließen. Die Spanne der Befragten, die eine reine Grundabsicherung hatten, reicht von 16 % in den Niederlanden bis 83 % in Großbritannien. Allerdings ist festzustellen, dass in der Tabelle auf die die Autoren verweisen, diese beiden Angaben im Feld „nur GKV/staatlich" zu finden sind. Frankreich weist mit 11 % den kleinsten Wert in

[338] Vgl. Koch, K., Schürmann, C., Sawicki, P. (2010), S. 429.
[339] Vgl. Koch, K., Schürmann, C., Sawicki, P. (2010), S. 429-430.
[340] Vgl. Koch, K., Schürmann, C., Sawicki, P. (2010), S. 429-430.

dieser Kategorie auf. Im Zuge eines Abgleichs mit den Primärdaten wurde festgestellt, dass auch der Commonwealth Fund diesen Wert ausweist.[341] In Deutschland waren 78 % gesetzlich versichert. Der Anteil von ausschließlich oder zusätzlich Privatversicherten unter den Befragten reicht von 16 % in Großbritannien bis 81 % in den Niederlanden. In Deutschland waren 11 % der Befragten privat versichert und 10 % neben der gesetzlichen Versicherung privat zusatzversichert. In den USA waren 21 % der Befragten nicht versichert. Bezüglich der Zusatzkosten stellen die Autoren fest, dass der Anteil derjenigen, die mehr als 640 Euro im letzten Jahr an Zuzahlungen leisten mussten, zwischen 5 % in Frankreich und Großbritannien und 39 % in den USA lag. In Deutschland waren es 12 % der Befragten. Hierzulande hatten 28 % angegeben, aufgrund der Kostenbelastung in den vergangenen beiden Jahren einmal oder mehrmals auf einen Arztbeuch, eine Untersuchung, Behandlung oder auf Arzneimittel verzichtet zu haben. Bei Befragten mit einem Jahreseinkommen von weniger als 29.000 Euro war dieser Anteil noch höher (30 %).[342]

Bei der Analyse des **Verhältnisses von Hausarzt und Spezialisten** stellen die Autoren fest, dass mit Ausnahme der USA in allen Vergleichsländern mindestens 95 % der Befragten eine feste Anlaufstelle für die Gesundheitsversorgung hatten. In England und den USA waren dies zu 8 % bzw. 10 % Einrichtungen mit verschiedenen Ärzten, ansonsten stets ein Hausarzt. Unter den deutschen Befragten hatten 43 % im Falle einer Erkrankung am selben Tag einen Hausarzttermin bekommen. In den Vergleichsländern reichte die Spanne von 25 % in den USA und Kanada bis 55 % in den Niederlanden. Länger als sechs Tage warteten in Neuseeland und den Niederlanden nur 3 % bzw. 5 %. In Deutschland waren es 24 %. Den höchsten Wert wies Kanada mit 32 % auf. Dies gilt auch für Wartezeiten von länger als zwei Monaten auf einen Facharzttermin. In Kanada lag er bei 30 %. In Deutschland waren es 11 %. Den geringsten Wert wiesen die USA mit 7 % auf. Für die Versorgung außerhalb der Sprechzeiten spielt die Notaufnahme in Krankenhäusern, besonders in den USA und Kanada, eine entscheidende Rolle. In Deutschland und insbesondere in den Niederlanden dagegen weniger. Nur 10 %

341 Vgl. Commonwealth Fund (2008), S. 25.

342 Vgl. Koch, K., Schürmann, C., Sawicki, P. (2010), S. 430; Vgl. Koch, K., Schürmann, C., Sawicki, P. (2010), S. 428.

der Befragten in Deutschland berichteten von einem behandelnden Arzt, der die wichtigsten Ziele bzw. Prioritäten mit ihnen besprochen hatte, einen schriftlichen Behandlungsplan ausgehändige und nach einem Termin Kontakt aufgenommen hatte, um zu erfahren wie der Befragte zurechtkommt.[343]

Im Zuge des Vergleichs der **Koordination und Kontinuität** der Versorgung stellen Koch, Schürmann und Sawicki zunächst die Sonderstellung Deutschlands heraus. 47 % der Befragten – mehr als in allen anderen Vergleichsländern – waren bei vier oder mehr Ärzten in Behandlung. Während in anderen Ländern maximal 22 % (USA) der Befragten angaben, dass der Facharzt keinerlei Information bezüglich der Krankengeschichte hatte, waren es in Deutschland 33 %. Ebenfalls 33 % der Befragten hierzulande hatten den Eindruck, dass schlechte Organisation der Gesundheitsversorgung oft oder manchmal Zeit verschwendet habe. Nur in den USA war diese Anteil mit 35 % höher.[344]

Der letzte Bereich dieses Vergleichs beschäftigt sich mit der **Einnahme von Arzneimitteln und der Patientensicherheit**. Die Autoren stellen fest, dass die Befragten in Deutschland durchschnittlich 2,5 Medikamente einnahmen. Die Spanne in den Vergleichsländern reichte von 2,2 bis 3,5 Medikamenten. 12 % der Befragten in Deutschland waren der Meinung, dass in den vergangenen zwei Jahren Behandlungsfehler aufgetreten sind. Nur in Frankreich (9 %), den Niederlanden (8 %) und in Großbritannien (10 %) wurde diese Rate unterschritten.[345]

4.8.2 Gesamtergebnisse

Die Autoren verzichten darauf, die Einzelergebnisse zu gewichten, Indizes zu bilden oder ein abschließendes Ranking für die Gesundheitssysteme auszuweisen. Stattdessen werden die wesentlichen Ergebnisse zusammengefasst und Schlussfolgerungen gezogen. Dabei stellen Koch, Schürmann und Sawicki fest, dass die Befragung von schwerer erkrankten Patienten starke Unterschiede bezüglich der Zufriedenheit mit dem Gesundheitssystem aufzeigt. In jedem Vergleichsland gab es einen bedeutenden Anteil unzufriedener Personen. Dieser Anteil war in den

[343] Vgl. Koch, K., Schürmann, C., Sawicki, P. (2010), S. 430-432.
[344] Vgl. Koch, K., Schürmann, C., Sawicki, P. (2010), S. 432-433.
[345] Vgl. Koch, K., Schürmann, C., Sawicki, P. (2010), S. 433.

Niederlanden und Großbritannien am kleinsten. Verglichen mit einer ähnlichen Analyse des Commonwealth Fund aus dem Jahr 2005, hat sich die Zufriedenheit in Deutschland erhöht. Aber zum einen kann dies auf einer anderen Zusammensetzung der Stichprobe beruhen, und zum anderen ist zu beobachten, „dass deutsche Patienten in ihrer subjektiven Einschätzung sowohl des deutschen Gesundheitssystems allgemein wie auch der Qualität der eigenen medizinischen Versorgung nicht so zufrieden waren wie die Befragten in den meisten anderen Nationen.“[346] Daraus kann jedoch nicht abgeleitet werden, dass die Behandlungsergebnisse hierzulande tatsächlich schlecht waren. Die Autoren weisen auf eine Diskrepanz hin, die sich daraus ergibt, dass zwar 87 % der Befragten die Qualität mindestens gut fanden, die Mehrheit aber zumindest grundlegende Reformen forderte. Dies mag am hohen Anspruchsniveau der deutschen Bevölkerung im Bezug auf das Gesundheitswesen liegen. Eine weitere Besonderheit in Deutschland ist der Koordinationsbedarf zwischen den Ärzten. Hierzulande gaben über die Hälfte aller befragten Personen an, von vier oder mehr Ärzten behandelt worden zu sein. Zusammenfassend folgern die Autoren, dass aus Sicht der schwerer erkrankten Patienten Verbesserungen möglich sind, dass das deutsche Gesundheitswesen insgesamt aber nicht in Frage gestellt wird. [347]

4.8.3 Beurteilung

Koch, Schürmann und Sawicki analysieren mit Hilfe einer Befragung im Auftrag des Commonwealth Funds insbesondere die Zufriedenheit schwerer erkrankter Personen, die mehr als andere auf Gesundheitsleistungen angewiesen sind, mit dem Gesundheitswesen in Deutschland. Nach Aussage der Autoren ist eine „Limitierung dieser Befragung [..], dass die subjektiven Einschätzungen der Befragten objektiv nicht verifiziert werden können.“[348] Schlüsse über kausale Zusammenhänge lassen sich deshalb kaum ziehen. Zudem müssen bei der Interpretation von internationalen Vergleichen dieser Art unterschiedliche Tendenzen der Einschätzung in den Vergleichsländern beachtet werden. Die Ergebnisse spiegeln insbesondere die Patientensicht wider. Die Unterschiede in der Häufigkeit von Krankheiten bleiben unerklärt. Diese Unterschiede können dazu führen, dass ver-

---

346 Koch, K., Schürmann, C., Sawicki, P. (2010), S. 433.
347 Vgl. Koch, K., Schürmann, C., Sawicki, P. (2010), S. 433.
348 Koch, K., Schürmann, C., Sawicki, P. (2010), S. 433.

schiedene Erfahrungen in den Vergleichsländern auch durch unterschiedliche medizinische Versorgung zu begründet sind.[349] Die Zufriedenheit gilt zwar als wichtiger Erfolgsfaktor, ist im Bereich der Gesundheitsversorgung jedoch ein sehr subjektiver Maßstab, da die Befragten in der Regel über keinerlei Vergleichsmöglichkeiten im Sinne eines Benchmarkings verfügen.[350]

Der Vergleich von Koch, Schürmann und Sawicki berücksichtigt bei der Auswahl der zu Befragenden den Gesundheitszustand aller Teilnehmer. Die Aussagen der Teilnehmer über die eigene Gesundheit können als Indikator für den Gesundheitszustand der Bevölkerung eines Landes und damit für die Effizienz des jeweiligen Gesundheitssystems verstanden werden. Nach Jürgens gibt es jedoch zwischen den Ländern Unterschiede im Antwortverhalten bezüglich der eigenen Gesundheit. Deutsche Befragte neigen im Vergleich zu anderen Europäern dazu, die eigene Gesundheit zu unterschätzen.[351] „Conditional on their health index, they are least likely to report fair or better health."[352] Die Effizienz der Versorgung ist nicht Gegenstand des Vergleichs. Die Autoren stellen keinem Umfrageergebnis den Einsatz finanzieller Mittel gegenüber. Die Zugänglichkeit im Sinne einer geografisch und zeitlich angemessenen Versorgungsstruktur wird durch den Vergleich von Wartezeiten und der Versorgung außerhalb von Sprechzeiten zumindest ansatzweise berücksichtigt. Die Arzt-Patienten-Kommunikation, die generelle Bewertung des Gesundheitssystems und der Gesundheitsversorgung sowie die Bewertung der Qualität der medizinischen Versorgung betonen die Patientenorientierung. Die Gerechtigkeit bzw. Gleichheit der Versorgung hingegen ist nicht Bestandteil der Analyse von Koch, Schürmann und Sawicki. Die Sicherheit wird zumindest für den Arzneimittelbereich berücksichtigt, indem sich die Befragung mit Behandlungsfehlern beschäftigt. Outcomegrößen, Strukturdaten und die Ausgaben werden nicht berücksichtigt, so dass ein objektives Urteil über die Effektivität und Effizienz der Systeme nicht möglich ist.

Ein Element des Vergleiches erfragt die Einschätzung der Qualität der Versorgung insgesamt: „Wie bewerten Sie insgesamt die Qualität der medizinischen

349 Vgl. Koch, K., Schürmann, C., Sawicki, P. (2010), S. 433.
350 Vgl. Domenighetti, G., Quaglia, J. (2001), S. 12.
351 Vgl. Jürges, H. (2006).
352 Jürges, H. (2006), S. 15.

Versorgung, die Sie in den letzten zwölf Monaten erhalten haben?“[353] Die Ergebnisse dieser Befragung alleine reichen für die Beurteilung der Qualität verschiedener Gesundheitssysteme keinesfalls aus. Bei dieser subjektiven Einschätzung muss – wie schon erwähnt – berücksichtigt werden, dass die Befragten in der Regel über keine ausreichenden Informationen über die Gesundheitsversorgung in anderen Ländern verfügen[354] und dass für die Zufriedenheit nicht nur die tatsächliche Gesundheitsversorgung, sondern auch das Anspruchsniveau, an dem die reale Versorgung gemessen wird, maßgeblich ist[355]. Auch inhaltliche Gründe sprechen dagegen. Die Frage zielt auf die individuelle Ebene und lässt kollektiv wirksame Elemente der Qualität, wie etwa die Verteilungsgerechtigkeit, außer Acht.

4.9 Gesundheitssystemvergleich von Habl und Bachner

In dem Bericht „Das österreichische Gesundheitswesen im internationalen Vergleich 2009“ aus dem Jahr 2010 stellen Habl und Bachner im Auftrag des österreichischen Bundesministeriums für Gesundheit die Gesundheitssysteme der EU-15-Staaten einander gegenüber. Wenn verfügbar, wird der Vergleich durch Daten weiterer Vergleichsländer ergänzt. Als Quelle dienen insbesondere die Datenbank OECD Health Data, die WHO Health for All Database, das Statistische Amt der Europäischen Union (EuroStat), Eurobarometer-Erhebungen und die europäische Gesundheitsbefragung sowie verschiedene österreichische Quellen. Die Daten stammen meist aus dem Jahr 2007, oder falls nicht verfügbar, aus 2006 bzw. dem letzten verfügbaren Zeitraum.[356]

4.9.1 Vergleichsdimensionen

Für den Vergleich wählen die Autoren aus den vorhandenen Gesundheitsindikatoren mit länderübergreifend vergleichbaren Definitionen (z. B. European Community Health Indicators (ECHI), Indikatoren des Projekts Pharmaceutical Pricing and Reimbursement Information (PPRI)) anhand verschiedener Kriterien 25 qualitative und quantitative Indikatoren aus. Zu den Auswahlkriterien gehören Relevanz, Verfügbarkeit und Datenqualität. Die Auswahl erfolgte unter Berücksichti-

[353] Koch, K., Schürmann, C., Sawicki, P. (2010), S. 430.
[354] Vgl. Domenighetti, G., Quaglia, J. (2001), S. 12.
[355] Vgl. Koch, K., Schürmann, C., Sawicki, P. (2010), S. 433.
[356] Vgl. Habl, C., Bachner, F. (2010), insbesondere S. 4.

gung dreier Dimensionen. Diese und die dazugehörigen Indikatoren sind in Tabelle 20 gelistet.[357]

Gesundheitsausgaben und Ressourceneinsatz	Gerechtigkeit, Zugang und Inanspruchnahme	Gesundheitsbezogene Leistungsergebnisse (Outcomes)
Gesundheitsausgaben in Prozent des BIP (Gesundheitsausgabenquote)	Stationäre Krankenhaushäufigkeit	Lebenserwartung bei Geburt
Gesundheitsausgaben pro Kopf	Krankenhausverweildauer	Gesunde Lebensjahre bei Geburt
Gesundheitsausgaben nach Sektoren	Selbstzahlungen der privaten Haushalte	Säuglingssterblichkeit
Ärztedichte	Bevölkerungsanteil mit unerfülltem Behandlungsbedürfnis	Bevölkerungsanteil der über 65-Jährigen
Bettendichte	Zugang zu Arzneimittel	Fünf-Jahres-Überlebensraten bei Krebserkrankungen
Pflegepersonal	Zugang zur ambulanten und stationären Versorgung	Übergewichtige Bevölkerung
Medizinisch-technische Großgeräte	Eingeschätzte Leistbarkeit von Pflegeheimen	Sterblichkeit nach Schlaganfall innerhalb 30 Tagen nach stationärer Aufnahme
		Selbsteingeschätzter allgemeiner Gesundheitszustand
		Anzahl kariöser, fehlender oder sanierter Zähne im bleibenden Gebiss bei Zwölfjährigen (DMFT-Index)
		Sterblichkeit aufgrund von Diabetes Mellitus
		Eingeschätzte Qualität des Gesundheitswesens

Tabelle 20: Habl und Bachner: Bereiche und Indikatoren[358]

Um die **Gesundheitsausgaben und den Ressourceneinsatz** zu vergleichen, nutzen Habl und Bachner zunächst den Anteil der Ausgaben für Gesundheit am BIP. „Daraus lässt sich die makroökonomische Bedeutung, die Staaten ihren Gesund-

[357] Vgl. Habl, C., Bachner, F. (2010), S. 2.
[358] Quelle: Eigene Darstellung in Anlehnung an Habl, C., Bachner, F. (2010), S. 3.

heitssystemen beimessen, ableiten."[359] Im Jahr 2007 überschritt Frankreich mit 11 % den EU-15-Durchschnitt von 9,3 % am deutlichsten, gefolgt von Deutschland mit 10,4 % und Österreich mit 10,3 %. Die Ausgaben aus öffentlicher Hand machten im selben Zeitraum 7,2 % des BIP im EU-15-Durchschnitt aus. Frankreich übertraf diesen Anteil mit 8,7 % am deutlichsten, gefolgt von Dänemark mit 8,3 %, Deutschland und den Niederlanden mit jeweils 8 % und Österreich mit 7,9 %. Die Gesundheitsausgaben pro Kopf beliefen sich 2007 im EU-15-Durchschnitt auf 2.946 Euro. Die höchsten Ausgaben je Einwohner hatte Dänemark mit 4.050 Euro, gefolgt von Luxemburg mit 3.944 Euro, den Niederlanden mit 3.387 Euro und Österreich mit 3.358 Euro. Dagegen lag Deutschland mit den neunthöchsten Ausgaben pro Kopf von 3.073 Euro nur knapp über dem Durchschnitt. Bemerkenswert ist auch, dass auf Deutschland mit einem realen Wachstum der Gesundheitsausgaben pro Kopf von 1,7 % zwischen 1997 und 2007 unter allen Vergleichsländern die geringste Steigerungsrate entfiel. Wie in den meisten EU-15-Ländern entstand auch in Deutschland 2007 der größte Anteil der laufenden Gesundheitskosten im stationären Bereich. Dieser betrug 27,9 %. Auf den ambulanten Bereich entfielen 15,1 %, auf die Langzeitpflege 12,4 %, auf Arzneimittel 20,2 %, auf die öffentliche Gesundheit und Administration 9,2 % und auf sonstige Sektoren, wie Zahnbehandlungen und den Rettungsdienst, 15,2 %.[360]

Nachdem die Gesundheitsausgaben in den Vergleichsstaaten analysiert wurden, untersuchen Habl und Bachner die Personaldichte, Bettendichte und die Dichte medizinischer Großgeräte. Die Ärztedichte reichte für das Jahr 2007 von 2,2 Ärzten je 1.000 Einwohner in Polen bis zu 5,4 Ärzte, die 1.000 Einwohnern in Griechenland zur Verfügung standen. In Deutschland kamen 3,5 Ärzte auf 1.000 Personen. Dies entsprach dem EU-15-Durchschnitt. Die Dichte aller in Krankenanstalten beschäftigten Krankenpfleger und Entbindungspfleger variierte von 3,21 pro 1.000 Einwohner in Griechenland bis 15,5 in Irland. In Deutschland lag die Versorgungsdichte mit 9,94 Pflegepersonen je 1.000 Einwohner über dem EU-15-Durchschnitt von 8,08. Auf Krankenhausbetten bezogen weist Griechenland mit 0,68 Pflegepersonen je Bett die geringste und Dänemark mit 3,96 Pflegepersonen pro Krankenhausbett die höchste Dichte auf. In Deutschland waren es 1,2 Pflege-

359 Habl, C., Bachner, F. (2010), S. 24.
360 Vgl. Habl, C., Bachner, F. (2010), S. 23-30.

personen pro Bett und damit weniger als im EU-15-Durchschnitt von 1,52. Mit der Bettendichte werden die Versorgungskapazitäten des stationären Bereichs in den Vergleichsländern analysiert. Im EU-15-Durchschnitt standen 518 Krankenhausbetten je 100.000 Einwohner zur Verfügung. In Schweden war mit 288 Betten die geringste Dichte zu verzeichnen. In Deutschland waren es 829 Betten je 100.000 Personen – mehr als in allen Vergleichsländern. Die Autoren bemessen ferner die Anzahl medizinisch-technische Großgeräte, um die Verfügbarkeit moderner Medizintechnologie zu beurteilen bzw. einen „Indikator für ein qualitativ hochwertiges Diagnose- und Versorgungsangebot“[361] zu erhalten. 2007 standen im EU-15-Durchschnitt 20,4 Computertomographiegeräte und 9,9 Magnetresonanztomographiegeräte je 1.000.000 Einwohner zur Verfügung. Die Dichte von Computertomographiegeräten reichte von 7,3 je 1.000.000 Einwohner in Ungarn bis 41,6 in Belgien. Bei Magnetresonanztomographiegeräten reichte die Skala von 2,7 in Polen bis 18,6 pro 1.000.000 Personen in Italien. Für 1.000.000 Personen in Deutschland standen 16,3 Computertomographiegeräte und 8,2 Magnetresonanztomographiegeräte zur Verfügung.[362]

Der zweite Bereich, der für den Vergleich der Gesundheitssysteme genutzt wird, untersucht **Gerechtigkeitsmerkmale wie den Zugang zu und die Inanspruchnahme** von Gesundheitsleistungen: Der erste Indikator beschreibt die Anzahl der Krankenhausaufnahmen im Verhältnis zu den Einwohnern. Die Autoren nehmen an, dass stationäre Aufnahmen psychische und physische Belastungen für Patienten mit sich bringen und einen kostenintensiven Faktor für die Gesundheitssysteme darstellen. 2007 lag die Krankenhaushäufigkeit im EU-15-Durchschnitt bei 17,2 Aufnahmen je 100 Einwohner. Die Spanne reichte von 7,8 Aufnahmen auf Zypern bis 27,9 in Österreich. In Deutschland waren je 100 Einwohner 23,1 Krankenhausaufnahmen zu verzeichnen. Nach Habl und Bachner beeinflusst die Krankenhausaufenthaltsdauer nicht nur die Kosten, sondern ist auch Maß für die Effizienz, vorausgesetzt, die Behandlungsresultate sind gleich. Sind die Aufenthaltsdauern zu kurz, kann sich dies auch negativ auswirken. Die niedrigste durchschnittliche Verweildauer war mit 3,5 Tagen in Dänemark zu verzeichnen. Der

[361] Habl, C., Bachner, F. (2010), S. 35.
[362] Vgl. Habl, C., Bachner, F. (2010), S. 30-36.

EU-15-Durchschnitt lag bei 6,1 Tagen und die höchste Verweildauer entfiel im Jahr 2007 mit 7,8 Tagen auf Deutschland.[363]

Auch Selbstzahlungen privater Haushalte im Sinne von privaten Kostenbeteiligungen z. B. für Praxis- und Rezeptgebühren oder Selbstmedikation werden berücksichtigt. Systemunabhängig erfassen sie direkte finanzielle Belastungen für erkrankte Personen. Wenn nicht durch soziale Maßnahmen abgefedert, können sie besonders für einkommensschwache Personen bzw. Haushalte Zugangsbarrieren zur medizinischen Versorgung darstellen. Der Anteil der Selbstzahlungen privater Haushalte an den gesamten Gesundheitskosten variierte 2007 von 5,5 % in den Niederlanden bis 26,2 % in der Slowakei. Der EU-15-Durchschnitt lag bei 12,2 %, der Anteil in Deutschland knapp darüber bei 13,1 %.[364]

Als weiteren Indikator wählen die Autoren den Bevölkerungsanteil mit unerfüllten Behandlungsbedürfnissen, um damit die Zugänglichkeit bzw. Barrierefreiheit von Systemen zu erfassen. Gründe für unerfüllte Behandlungswünsche können dabei die eingeschränkte finanzielle Leistbarkeit, zu lang empfundene Wartezeiten und zu lange Anfahrtswege sein. 2006 lag der Anteil der Bevölkerung mit unerfülltem Bedürfnis nach medizinischer Behandlung im EU-15-Durchschnitt bei 2,5 % für Frauen und 2 % für Männer. Am zufriedensten waren die Dänen mit 0,3 % für Frauen und 0,5 % für Männer und die Luxemburger mit 0,4 % für Frauen und 0,3 % für Männer. In Griechenland waren die Einwohner mit der Zugänglichkeit zur medizinischen Versorgung am wenigsten zufrieden: 6,3 % der Frauen und 5,3 % der Männer beklagten unerfüllte Behandlungsbedürfnisse. In Deutschland lag der Anteil für Frauen bei 5,4 %, für Männer bei 4,9 %.[365]

Der Zugang zu Arzneimitteln wird durch die Dichte der Abgabestellen für verschreibungspflichtige Medikamente gemessen. Dies sind neben Apotheken auch hausapothekenführende Ärzte (in Österreich) sowie Krankenhaus- und Versandapotheken. 2007 gab es in den EU-15-Ländern durchschnittlich 29,3 solcher Abgabestellen für 100.000 Einwohner. Die Spanne reichte von 8,3 in Dänemark bis 78,3 Abgabestellen je 100.000 Einwohner in Griechenland. Für 100.000 Einwoh-

[363] Vgl. Habl, C., Bachner, F. (2010), S. 37-40.
[364] Vgl. Habl, C., Bachner, F. (2010), S. 37-40.
[365] Vgl. Habl, C., Bachner, F. (2010), S. 40-43.

ner in Deutschland standen 26,7 Abgabestellen zur Verfügung. Den Zugang zu ambulanter und stationärer Versorgung bewerten Habl und Bachner anhand von Einschätzungen der Bevölkerung bezüglich der Schwierigkeit des Zuganges zu einem Hausarzt oder zu einem Krankenhaus. Im EU-15-Durchschnitt schätzten im Jahr 2007 85 % der Bevölkerung den Zugang zu einem Hausarzt und 77 % der Bevölkerung den Zugang zu einem Krankenhaus als sehr einfach oder eher einfach ein. In Schweden und Portugal schätzten weniger als 70 % den Zugang zu einem Hausarzt als sehr einfach oder eher einfach ein. In Irland, Portugal, Schweden und Italien schätzten weniger als 70 % den Zugang zu einem Krankenhaus als sehr einfach oder eher einfach ein. Die Bevölkerung Österreichs bescheinigte ihrem System den leichtesten Zugang zur ambulanten und stationären Versorgung. Der Anteil der Personen, die den Zugang als sehr einfach oder eher einfach bezeichnete, lag für die hausärztliche Versorgung – wie auch in Deutschland – bei 94 % und für die Krankenhausversorgung bei 92 %. Nach Österreich scheint der Zugang in Deutschland am leichtesten gewesen zu sein. Der Anteil für die Krankenhausversorgung lag bei 87 %.[366]

Der letzte Indikator in diesem Bereich soll die Leistbarkeit von Pflegeheimen einschätzen und so zur Beurteilung von Zugänglichkeit und Gerechtigkeit beitragen. Dazu stützten sich die Autoren wieder auf subjektive Einschätzungen der Bevölkerung. Im Jahr 2007 schätzten durchschnittlich 40 % der Einwohner von EU-15-Staaten Pflegeheimaufenthalte als kaum leistbar oder sogar nicht leistbar ein. Die Spanne reichte von 7 % in Dänemark bis 79 % in Griechenland, gefolgt von Portugal mit 72 % und Deutschland mit 59 %.[367]

Der dritte Bereich, den Habl und Bachner für ihren Vergleich verschiedener europäischer Gesundheitssysteme nutzen, betrifft die **gesundheitsbezogenen Leistungsergebnisse**. Dieser Bereich umfasst insbesondere Indikatoren, die den Gesundheitszustand, die Morbidität und Mortalität in der Bevölkerung erfassen. Diese Outcomegrößen sind Ergebnisse der Leistungsfähigkeit der betrachteten Gesundheitssysteme und geben Aufschluss über die Qualität, Wirkung und Verteilung der medizinischen Versorgung. Die Lebenserwartung bei Geburt ist der

366 Vgl. Habl, C., Bachner, F. (2010), S. 43-46.
367 Vgl. Habl, C., Bachner, F. (2010), S. 46-47.

erste Indikator, den die Autoren in diesem Bereich nutzen. Bei einem EU-15-Durchschnitt im Jahr 2007 von 77,3 Jahren für Männer, 82,7 Jahren für Frauen und 80 Jahren für beide Geschlechter im ungewichteten Mittel wich in Deutschland lediglich die Lebenserwartung für Männer (77,4 Jahre) minimal von diesen Durchschnittswerten ab. Auf Ungarn entfielen mit 69,2 Jahren für Männer, 77,3 Jahren für Frauen und 73,3 Jahren für beide Geschlechter die niedrigsten Werte. Die höchste Lebenserwartung hatten Männer mit 78,9 Jahren in Schweden, Frauen mit 84,4 Jahren in Frankreich und beide Geschlechter im Mittel mit 81,4 Jahren in Italien.

Um dem Umstand Rechnung zu tragen, dass eine hohe Lebenserwartung nicht zwangsläufig auch mit einem hohen Gesundheitsniveau einhergeht bzw. um auch die Lebensqualität neben den Lebensjahren zu berücksichtigen, verwenden die Autoren die gesunden Lebensjahre ab Geburt als zweiten Indikator in diesem Bereich. Die behinderungsfreie bzw. gesunde Lebenserwartung lag 2007 im EU-15-Schnitt bei 62,7 Jahren für Männer und 63,2 Jahren für Frauen. Die Range für Männer reichte von 56,7 Jahren in Finnland bis 67,5 Jahren in Schweden, für Frauen von 57,3 Jahren in Portugal bis 67,1 Jahren in Griechenland. Im europäischen Vergleich war die qualitätsbereinigte Lebenserwartung in Deutschland mit 58,8 Jahren für Männer und 58,4 Jahren für Frauen eher gering.[368]

Um Rückschlüsse auf die Qualität der Versorgung vor, während und nach der Geburt ziehen zu können, nutzen die Autoren die Säuglingssterblichkeit. Die durchschnittliche Säuglingssterblichkeit im Jahr 2007 lag in den EU-15-Staaten bei 3,5 von 1.000 Lebendgeburten. Die Spanne reichte von 1,8‰ in Luxemburg bis 6,1‰ in der Slowakei. Mit 3,9‰ überschritt die Säuglingssterblichkeit in Deutschland den EU-15-Durchschnitt.[369]

Habl und Bachner verwenden auch den Bevölkerungsanteil der über 65-Jährigen als Indikator. Allerdings ist die Begründung hierfür nicht schlüssig. Die Autoren merken an, dass mit einem steigenden Anteil der über 65-Jährigen üblicherweise die Inanspruchnahme von Gesundheitsleistungen steigt. Dagegen entfallen Zuzah-

368 Vgl. Habl, C., Bachner, F. (2010), S. 48-51.
369 Vgl. Habl, C., Bachner, F. (2010), S. 51-53.

lungen durch Steuern und Versicherungsbeiträge an das Sozial- bzw. Gesundheitssystem. Der Anteil lag im EU-15-Durchschnitt bei 16,4 %. Die Bandbreite reichte von 10,9 % in Irland bis 20 % in Italien, gefolgt von Deutschland mit 19,9 %.[370]

Die Fünf-Jahre-Überlebensrate bei Krebserkrankungen wird eingesetzt, um auf die Effektivität von Maßnahmen zur Vorsorge, Früherkennung und Behandlung schließen zu können. Im EU-15-Durchschnitt lag die Fünf-Jahre-Überlebensrate bei Krebserkrankungen, die im Zeitraum von 2000-2002 diagnostiziert wurden, bei 58,2 % für Frauen und bei 51,3 % für Männer. Für Frauen lag diese Rate zwischen 48,3 % in Polen und 61,6 % in Belgien, für Männer zwischen 36,6 % in Slowenien und 55,9 % in Finnland. Deutschland lag mit 58,8 % für Frauen über und mit 50 % für Männer unter dem EU-15-Durchschnitt.[371]

Die übergewichtige Bevölkerung ist Gegenstand eines weiteren Indikators. „Übergewicht und Fettleibigkeit gelten als Risikofaktoren und Ursachen für eine Vielzahl an Folgeerkrankungen wie zum Beispiel Herz- und Gefäßkrankheiten, Krebserkrankungen oder Diabetes.“ Mit 60,7 % hatte Großbritannien 2007 den größten Bevölkerungsanteil an Übergewichtigen (Körpermasseindex über 25). 24 % der Bevölkerung war dabei sogar fettleibig (Körpermasseindex über 30).In Frankreich waren dagegen nur 37 % übergewichtig, darunter 10,5 % der Bevölkerung, die fettleibig waren. Der EU-15-Durchschnitt lag bei 34,7 % rein Übergewichtiger, 14,2 % Fettleibiger und damit bei insgesamt 48,9 % Personen mit Übergewicht. Deutschland lag mit 49,6 % nur knapp über diesem Wert. 36 % der deutschen Bevölkerung waren übergewichtig, 13,6 % fettleibig.[372]

Um Rückschlüsse auf die Qualität der Schlaganfallversorgung, insbesondere in der Akutphase, ziehen zu können, analysieren Habl und Bachner die „Mortalität nach Schlaganfall innerhalb 30 Tagen nach stationärer Aufnahme“[373]. Da die Autoren die Sterblichkeit nach Einlieferung in ein Krankenhaus mit der Primärdiagnose „ischämischer Schlaganfall“ nach 30 Tagen untersuchen, handelt es sich al-

[370] Vgl. Habl, C., Bachner, F. (2010), S. 53-55.
[371] Vgl. Habl, C., Bachner, F. (2010), S. 55-57.
[372] Vgl. Habl, C., Bachner, F. (2010), S. 57-58.
[373] Habl, C., Bachner, F. (2010), S. 58.

lerdings um einen Vergleich der Letalität einer Krankheit nach einer bestimmten Zeitspanne der stationären Behandlung. Der EU-15-Schnitt lag 2007 bei einer Rate von 9,5 pro 100 Personen. Das Spektrum reichte von 5,3 % in Dänemark bis zu einer Mortalitätsrate von 17,4 % in Großbritannien. In Deutschland lag die Letalität mit 7,7 % unterhalb des Durchschnitts der EU-15-Staaten.[374]

Ferner wird der selbsteingeschätzte allgemeine Gesundheitszustand zur Beurteilung der Gesundheitssysteme berücksichtigt. „Durch diverse Studien konnte gezeigt werden, dass dieser subjektive Indikator eine gute Vorhersagekraft bezüglich Mortalitätsentwicklung und zukünftiger Gesundheitsausgaben besitzt.“ Der Anteil der Bevölkerung, der den eigenen Gesundheitszustand als sehr gut oder gut einschätzte, lag im Jahr 2007 in den EU-15-Ländern durchschnittlich bei 70,9 % und in Deutschland bei nur 60 % – geringer als in allen anderen EU-15-Staaten. Die Spanne reichte von 41,7 % in Lettland bis 84,2 % in Irland.[375]

In Zusammenhang mit Präventionsmaßnahmen, Mundhygiene und Lebensstil steht die durchschnittliche Anzahl kariöser, fehlender oder sanierter Zähne im bleibenden Gebiss von Zwölfjährigen, die auch als DMFT-Index (decayed, missing, filled teeth-Index) bekannt ist. Für 2007 lag der EU-15-Durchschnitt bei einem Index von 1,2. Die Spanne reichte von 0,7 in Deutschland und Großbritannien bis 3,8 in Polen.[376]

Die Analyse der Sterblichkeit aufgrund von Diabetes mellitus lässt auf den Lebensstil und die Qualität der Diabetes-Versorgung in den Vergleichsländern schließen. Im Jahr 2007 lag die Mortalität aufgrund von Diabetes in den EU-15-Staatten durchschnittlich bei 12,9 pro 100.000 Personen. Die Mortalität variierte zwischen 6,2 in Großbritannien und 27,8 in Portugal. In Deutschland betrug sie 14,4 pro 100.000 Personen und überstieg damit den EU-15-Durchschnitt.[377]

Der Indikator „Eingeschätzte Qualität des Gesundheitswesens“ stützt sich auf Umfragewerte. Als wichtigste Beurteilungskriterien wurden die Ausbildung des Personals, eine wirkungsvolle Behandlung und das Fehlen von Wartezeiten ge-

---

374 Vgl. Habl, C., Bachner, F. (2010), S. 58-59.
375 Vgl. Habl, C., Bachner, F. (2010), S. 59-61.
376 Vgl. Habl, C., Bachner, F. (2010), S. 61-63.
377 Vgl. Habl, C., Bachner, F. (2010), S. 63-65.

nannt. Der Anteil, der im Jahr 2009 befragten Bevölkerung, der die Qualität des Gesundheitssystems mit sehr gut oder gut bewertete, lag im EU-15-Schnitt bei 77 % und variierte von 25 % in Rumänien und Griechenland bis 97 % in Belgien. Der Anteil in Deutschland lag bei 86 %.[378]

4.9.2 Beurteilung

Habl und Bachner fassen die Ergebnisse der Einzelvergleiche zusammen, beurteilen in diesem Zuge jedoch das österreichische Gesundheitssystem. Zur Beurteilung deutschen Gesundheitswesens im internationalen Vergleich können diese ausführlichen Schlussfolgerungen nicht herangezogen werden. Der Beitrag der vorliegenden Analyse für die Bewertung des deutschen Systems beschränkt sich deshalb auf die Einzelvergleiche.

Die Effektivität der medizinischen Versorgung wird durch Indikatoren aus dem Bereich „Gesundheitsbezogene Leistungsergebnisse“ abgebildet. Die Messung des Bevölkerungsanteils der über 65-jährigen ist allerdings nicht für die Messung von Ergebnisqualität geeignet. Bei der eingeschätzten Qualität des Gesundheitswesens ist zu beachten, dass die Befragten in der Regel nicht über ausreichende Informationen über die medizinische Versorgung in anderen Staaten verfügen[379] und dass für die Zufriedenheit nicht alleine die tatsächliche Gesundheitsversorgung, sondern daneben das Anspruchsniveau an dem die reale Versorgung gemessen wird, maßgeblich ist[380]. Die Verteilung der Gesundheit innerhalb der Nationen bleibt bei allen Indikatoren unberücksichtigt.

Zur Beurteilung der Effizienz müssen den Leistungsindikatoren die Ausgabenseite gegenübergestellt werden. Habl und Bachner analysieren die Ausgaben für Gesundheit zwar – dazu dienen der Anteil von Gesundheitsausgaben am BIP, die Ausgaben für Gesundheit pro Kopf und die Gesundheitsausgaben nach Sektoren. Auch der Anteil öffentlicher Finanzierung von Gesundheitssystemen wird verglichen. Eine Gegenüberstellung findet jedoch nicht statt.

---

[378] Vgl. Habl, C., Bachner, F. (2010), S. 65-66.
[379] Vgl. Domenighetti, G., Quaglia, J. (2001), S. 12.
[380] Vgl. Koch, K., Schürmann, C., Sawicki, P. (2010), S. 433.

Die Versorgungsstruktur wird mit Hilfe der Arzt- und Bettendichte sowie der Dichte an Pflegekräften in Bezug auf die Bevölkerung und auf Krankenhausbetten abgebildet. Daneben wird auch die Verfügbarkeit medizinischer Großgeräte analysiert. Mögliche Ungleichheiten innerhalb der Staaten werden nicht abgebildet. Die tatsächlich geleisteten Arbeitsstunden der Ärzte werden nicht zur Beurteilung herangezogen. Wie schon erwähnt, steigen mit einer höheren Anzahl an Ärzten die geleisteten summierten Arbeitsstunden nicht zwangsläufig.[381] Gleiches gilt auch für Pflegekräfte. Die Beurteilung der Versorgung mit medizinischen Großgeräten sollte sich nicht nur auf die Verfügbarkeit bzw. Dichte der Computer- und Magnetresonanztomographiegeräte stützen, sondern auch das Alter der Geräte berücksichtigen. „Ein Indikator für ein qualitativ hochwertiges Diagnose- und Versorgungsangebot"[382] sollte schließlich den technischen Fortschritt nicht unbeobachtet lassen. So wären auch Analysen über das Vorliegen eines Investitionsstaus in diesem Bereich möglich.

Gerechtigkeitsüberlegungen und mögliche Barrieren zur medizinischen Versorgung werden insbesondere durch Selbstzahlungen der privaten Haushalte, den Bevölkerungsanteil mit unerfülltem Behandlungsbedürfnis, den Zugang zu Arzneimitteln, zu ambulanter und stationärer Versorgung sowie durch die eingeschätzte Leistbarkeit von Pflegeheimen berücksichtigt. Obergrenzen bzw. andere Formen der sozialen Abfederung finanzieller Belastungen bleiben dagegen unberücksichtigt.

Die Analyse der Inanspruchnahme beschränkt sich auf den stationären Sektor: Krankenhaushäufigkeit und Verweildauer. Die Patientenorientierung wird nur ansatzweise durch den Indikator „Bevölkerungsanteil mit unerfülltem Behandlungsbedürfnis" abgebildet. Auch der Indikator „Eingeschätzte Qualität des Gesundheitswesens" könnte zur Beurteilung der Patientenorientierung dienlich sein. Die Sicherheit von Patienten bleibt unberücksichtigt.

381 Vgl. Bundesärztekammer (2009b), S. 14; Bundesärztekammer (2009a), S. 8.
382 Habl, C., Bachner, F. (2010), S. 35.

4.10 Kategorisierung der Indikatoren

Bei der Beschreibung der relevanten Publikationen in diesem Kapitel, wurden insgesamt 190 Vergleichselemente berücksichtigt. Diese können 130 unterschiedlichen Indikatoren zugeordnet werden. Um die Indikatoren übersichtlich abbilden zu können und um eine Grundlage für die zusammenfassende Beurteilung des deutschen Gesundheitswesens im nächsten Kapitel zu schaffen, wurden die 130 Indikatoren in 13 Kategorien eingeteilt. Dies sind:

- Ausgaben und Finanzierung (17)
- Versorgungs- und Personalstruktur (20)
- Outcomegrößen (20)
- Leistungsinanspruchnahme (12)
- Selbstzuzahlungen (10)
- Restriktionen (8)
- Wartezeiten (12)
- Zufriedenheit (6)
- Patientenorientierung (8)
- Sicherheit (3)
- Gerechtigkeit (2)
- Effizienz (1)
- Sonstige (11)

Einige der Indikatoren wurden von einem Großteil der Publikationen genutzt, um Gesundheitssysteme zu vergleichen. Dazu gehören z. B. die Pro-Kopf-Ausgaben für Gesundheit und der Anteil der Gesundheitsausgaben am BIP. Viele Indikatoren wurden aber nur von einer der Veröffentlichungen verwendet. Die Tabelle in Anhang 5 gibt einen Überblick über die Kategorien, die Indikatoren und über die Verwendung der Indikatoren in den einzelnen Publikationen.

5. Bewertung des deutschen Gesundheitssystems

Dieses Kapitel beurteilt das deutsche Gesundheitswesen im internationalen Vergleich anhand der Ergebnisse, die im vorigen Kapitel vorgestellt wurden. Das Hauptaugenmerk liegt dabei auf Vergleichsgegenständen, die von mehreren Publikationen abgebildet werden. Dazu dienen die ersten acht Kategorien, die in Kapitel 4.10 beschrieben bzw. in Anhang 5 gelistet sind. Auf eine Bewertung anhand von Indikatoren bzw. Bereichen, die nur in einer Veröffentlichung verwendet werden, nur vereinzelt oder am Rande verwendet werden, wird verzichtet, da Vergleiche anhand einzelner Indikatoren bereits im letzten Kapitel zu finden sind. In Kapitel 5.1 wird das Ausgabenniveau, in 5.2 die Versorgungs- und Personalstruktur, in 5.3 Outcomegrößen und in 5.4 die Leistungsinanspruchnahme beurteilt. Anschließend fasst Kapitel 5.5 die Situation im deutschen Gesundheitswesen in Bezug auf Selbstzahlungen und Restriktionen und Kapitel 5.6 in Bezug auf Wartezeiten zusammen. Schließlich wird die Zufriedenheit der Bevölkerung beurteilt (siehe Kapitel 5.7).

5.1 Ausgaben

„Mercedes zahlen und Volkswagen fahren.“[383] Dieser Abschnitt soll den ersten Teil der These einiger Veröffentlichungen Rechnung tragen und überprüfen, ob das deutsche Gesundheitswesen im internationalen Vergleich tatsächlich hohe Kosten verursacht.

Die meisten der in Kapitel 4 vorgestellten Publikationen nutzen die Ausgaben pro Kopf und den Anteil der Gesundheitsausgaben am BIP für den Vergleich der Kostenintensität von Gesundheitssystemen. Dem World Health Report 2000 ist zu entnehmen, dass die Gesundheitsausgaben in Deutschland 1997 nach den USA den größten Anteil am BIP ausmachten und dass von 191 berücksichtigten Staaten nur auf zwei Länder (USA und die Schweiz) höhere Ausgaben pro Kopf entfielen.[384] Domenighetti und Quaglia bestätigen diese Tendenz im europäischen Vergleich anhand kaufkraftbereinigter Pro-Kopf-Ausgaben aus dem Jahr 1998.[385]

[383] Fritz Beske Institut für Gesundheits-System-Forschung (2004a), S. 14.
[384] Vgl. World Health Organization (2000), S. 192-195.
[385] Vgl. Domenighetti, G., Quaglia, J. (2001), S. 10.

Das Fritz Beske Institut, das 14 Industrienationen in den Vergleich einbezieht, stellt fest, dass die Ausgaben pro Kopf in vier Ländern höher waren, nach Kaufkraftbereinigung jedoch nur die USA und die Schweiz mehr finanzielle Mittel je Einwohner aufbrachten (Daten aus den Jahren 1998 bis 2002) und dass der Anteil der Gesundheitsausgaben am BIP in Schweden und Deutschland 1998 sogar am höchsten war.[386] Dem Vergleich von Pommer, van der Torre und Kuhry ist zu entnehmen, dass der Anteil der Gesundheitsausgaben am BIP 2000 nur von den USA und die Ausgaben pro Einwohner von den USA und Luxemburg übertroffen wurden.[387] Wendt vergleicht die Pro-Kopf-Ausgaben in Kaufkraftparitäten: Diese waren in Deutschland 2001 nach Luxemburg und Österreich am höchsten.[388] Veröffentlichungen, die auf aktuellere Daten zurückgreifen, bestätigen insbesondere den hohen Anteil der Gesundheitsausgaben an der Wertschöpfung. Das Fraser Institut weist nur für zwei von 27 Vergleichsländern, die Schweiz und Frankreich (die USA werden nicht berücksichtigt), einen höheren Anteil der Gesundheitsausgaben am BIP für 2005 aus. Nach einer Bereinigung um Altersunterschiede in der Bevölkerung sinkt der Anteil jedoch auf einen mittleren Wert.[389] Schölkopf sowie Habl und Bachner nutzen Daten aus 2007 und bestätigen den hohen Anteil der Gesundheitsausgaben am BIP, weisen dem deutschen Gesundheitswesen jedoch nur mittlere Ausgaben pro Kopf (bei Schölkopf kaufkraftbereinigt) zu.[390]

Tabelle 21 fasst die Ergebnisse der einzelnen Publikationen, die sich mit den Gesundheitsausgaben beschäftigen, zusammen bevor ein abschließendes Fazit gezogen wird. Das Kürzel „A“ steht für den Anteil der Gesundheitsausgaben am BIP und „P“ für Pro-Kopf-Ausgaben.

---

386 Vgl. Fritz Beske Institut für Gesundheits-System-Forschung (2004a), S. 103-109.
387 Vgl. Social and Cultural Planning Office (2004), S. 135-142.
388 Vgl. Wendt, C. (2009b), S. 437.
389 Vgl. Fraser Institute (2008), S. 17-21.
390 Vgl. Schölkopf, M. (2010), S. 79-83; Habl, C., Bachner, F. (2010), S. 24-27.

Publikation	Ausgabenniveau		
	hoch	mittel	niedrig
World Health Report 2000 der WHO (2000)	A/P		
Analyse von Domenighetti und Quaglia (2001)	P[k]		
Untersuchung des Fritz Beske Instituts (2004)	A/P/P[k]		
Gegenüberstellung von Pommer, van der Torre und Kuhry (2004)	A/P		
Vergleich des Fraser Institutes (2008)	A	A[a]	
Analyse von Wendt (2009)	P[k]		
Gesundheitssystemvergleich von Schölkopf (2010)	A	P[k]	
Gesundheitssystemvergleich von Habl und Bachner (2010)	A	P	

[a] altersbereinigt
[k] kaufkraftbereinigt

Tabelle 21: Ausgabenniveau des deutschen Gesundheitswesens[391]

Fazit Ausgaben

Ein hohes Ausgabenniveau für Gesundheitsausgaben im internationalen Vergleich und ein zumindest mittleres bis hohes Niveau im Vergleich mit anderen hoch entwickelten Industriestaaten kann dem deutschen Gesundheitswesen nicht abgesprochen werden.

5.2 Versorgungs- und Personalstruktur

Zur Beurteilung der Versorgungsstruktur werden in einigen der vorgestellten Publikationen die Bettendichte, die Dichte diverser medizinisch-technischer Großgeräte und die relative Anzahl von medizinischem Personal verwendet.

Die Dichte von Krankenhausbetten wird im Vergleich des Fritz Beske Instituts nur von Frankreich übertroffen (Daten aus den Jahren 1997 bis 2001).[392] Der Vergleich von Pommer, van der Torre und Kuhry weist Deutschland die höchste Bet-

---

391 Quelle: Eigene Darstellung in Anlehnung an World Health Organization (2000), S. 192-195; Domenighetti, G., Quaglia, J. (2001), S. 10; Fritz Beske Institut für Gesundheits-System-Forschung (2004a), S. 103-109; Social and Cultural Planning Office (2004), S. 135-142; Wendt, C. (2009b), S. 437; Fraser Institute (2008), S. 17-21; Schölkopf, M. (2010), S. 79-83; Habl, C., Bachner, F. (2010), S. 24-27.

392 Vgl. Fritz Beske Institut für Gesundheits-System-Forschung (2004a), S. 122-126.

tendichte im stationären Sektor unter den EU-15-Ländern für das Jahr 2000 zu.[393] Schölkopf vergleicht im Zuge der Analyse des stationären Bereichs die Dichte an Akutbetten: Deutschland hatte 2007 nach Japan und Österreich die größte relative Anzahl.[394] Habl und Bachner nutzen ebenfalls Daten aus 2007 (oder zuletzt verfügbare Zahlen) und weisen für Deutschland die höchste Dichte an Krankenhausbetten unter den Vergleichsländern aus.[395]

Die Dichte von Magnetresonanz- und Computertomographiegeräten ist nach dem Vergleich des Fraser Instituts (Daten aus 2005) in 14 von 25 bzw. 13 von 26 Vergleichsländern höher als in Deutschland. Die Dichte von Lithotriptern ist allerdings nur in acht von 21 Vergleichsstaaten höher als hierzulande.[396] Habl und Bachner ist zu entnehmen, dass die Dichte an Magnetresonanz- und Computertomographiegeräten in Deutschland 2007 moderat unter dem EU-15-Durchschnitt lag.[397]

Die Ärztedichte wird zwar von Pommer, van der Torre und Kuhry als mittelhoch (2001)[398] und von Habl und Bachner dem EU-15-Durchschnitt entsprechend (2007)[399] ausgewiesen, die Mehrzahl der Messungen stuft die relative Zahl der Ärzte insgesamt sowie der Allgemein,- Fach- und Zahnärzte im Einzelnen in Deutschland jedoch als vergleichsweise hoch ein.[400] Das Fraser Institut berücksichtigt die Altersstruktur und stellt fest, dass die altersbereinigte Ärztedichte in Deutschland vergleichsweise gering ist.[401] Allerdings ist zu beachten, dass die Arbeitszeiten deutscher Ärzte höher sind als die ihrer Kollegen im Rest Europas und in Nordamerika, wie Schölkopf anhand von Daten aus den Jahren 2004 bis 2006 feststellt.[402] Alle Publikationen, die die Dichte an Pflegekräften berücksichtigen – gemessen in Vollzeitäquivalenten oder nicht –, beschreiben diese als über-

393 Vgl. Social and Cultural Planning Office (2004), S. 144.
394 Vgl. Schölkopf, M. (2010), S. 103-114.
395 Vgl. Habl, C., Bachner, F. (2010), S. 34.
396 Vgl. Fraser Institute (2008), S. 70.
397 Vgl. Habl, C., Bachner, F. (2010), S. 36.
398 Vgl. Social and Cultural Planning Office (2004), S. 148.
399 Vgl. Habl, C., Bachner, F. (2010), S. 31.
400 Vgl. Fritz Beske Institut für Gesundheits-System-Forschung (2004a), S. 115-122; Schölkopf, M. (2010), S. 123-137; Social and Cultural Planning Office (2004), S. 156.
401 Vgl. Fraser Institute (2008), S. 55.
402 Vgl. Schölkopf, M. (2010), S. 123-137.

durchschnittlich.[403] Dazu muss vermerkt werden, dass sowohl Schölkopf als auch Habl und Bachner feststellen, dass Personal bzw. Pflegekräfte pro Krankenhausbett in geringem Umfang zur Verfügung stehen als in Vergleichsländern.[404] Aggregierte Indikatoren mehrerer Berufsgruppen in den Vergleichen von Wendt von van der Torre und Kuhry deuten auf eine im Vergleich zu anderen EU-15-Staaten überdurchschnittliche Dichte an medizinischem Personal hin.[405]

Tabelle 22 gibt einen Überblick über die Versorgungs- und Personalstruktur des deutschen Gesundheitswesens. Das Kürzel „B“ steht für Bettendichte, „G“ für die Dichte medizinischer Großgeräte, „Ä“ für Ärztedichte, „P“ für die Dichte von Pflegepersonal und das Kürzel „M“ für die Dichte an medizinischem Personal. Nachfolgen wird ein Fazit gezogen.

Publikation	**Versorgungs-/Personalstruktur**		
	hoch	**mittel**	**niedrig**
Untersuchung des Fritz Beske Instituts (2004)	B/Ä/P		
Gegenüberstellung von Pommer, van der Torre und Kuhry (2004)	B/P[v]/M[v]	Ä	
Vergleich des Fraser Institutes (2008)		G	Ä[a]
Analyse von Wendt (2009)	M		
Gesundheitssystemvergleich von Schölkopf (2010)	B/Ä		
Gesundheitssystemvergleich von Habl und Bachner (2010)	B/P	G/Ä	

[a] altersbereinigt
[v] Vollzeitäquivalent

Tabelle 22: Versorgungs-/Personalstruktur des deutschen Gesundheitswesens[406]

403 Vgl. Fritz Beske Institut für Gesundheits-System-Forschung (2004a), S. 115-122; Social and Cultural Planning Office (2004), S. 149-150; Habl, C., Bachner, F. (2010), S. 33.

404 Vgl. Schölkopf, M. (2010), S. 103-114; Habl, C., Bachner, F. (2010), S. 33.

405 Vgl. Social and Cultural Planning Office (2004), S. 147; Wendt, C. (2009b), S. 437.

406 Quelle: Eigene Darstellung in Anlehnung an Fritz Beske Institut für Gesundheits-System-Forschung (2004a), S. 115-126; Social and Cultural Planning Office (2004), S. 144-156; Schölkopf, M. (2010), S. 103-137; Habl, C., Bachner, F. (2010), S. 31-36; Fraser Institute (2008), S. 55-70; Wendt, C. (2009b), S. 437.

Fazit Versorgungs- und Personalstruktur

Insgesamt deuten die Indikatoren auf eine gut ausgebaute Versorgungsstruktur im deutschen Gesundheitswesen hin. Mit der hohen Verfügbarkeit materieller und personeller Ressourcen ist eine Voraussetzung für eine gute Strukturqualität erfüllt.

5.3 Outcomegrößen

Die meisten der beschriebenen Publikationen nutzen Outcomegrößen, um die Ergebnisse medizinischer Versorgung zu beurteilen. Alle Vergleiche, die im vierten Kapitel beschrieben wurden, weisen Deutschland unter den Industrienationen höchstens eine mittelhohe Lebenserwartung zu. Im Ranking der WHO nach invaliditätsbereinigter Lebenserwartung findet sich Deutschland auf Rang 22 von Staaten.[407] Die Lebenserwartung bei Geburt und im 65. Lebensjahr zeigt sich beim Vergleich des Fritz Beske Instituts von Outcomegrößen unter Industrienationen knapp unterdurchschnittlich.[408] Der Analyse von Pommer, van der Torre und Kuhry ist zu entnehmen, dass die Lebenserwartung in Deutschland 2001 etwa dem EU-15-Durchschnitt entsprach und die Differenz der unbereinigten Lebenserwartung und der invaliditätsbereinigten Lebenserwartung auf mittlerem Niveau lag.[409] Auch neuere Daten stehen zur Verfügung: Das Fraser Institut attestiert Deutschland mit Zahlen aus 2005 eine Lebenserwartung im oberen Mittelfeld und eine mittlere invaliditätsbereinigte Lebenserwartung. Die Differenz zwischen diesen Werten ist allerdings vergleichsweise gering.[410] Habl und Bachner nutzen Daten aus 2007, die eine Lebenserwartung im EU-15-Durchschnitt und eine im europäischen Vergleich eher geringe invaliditätsbereinigte Lebenserwartung ausweisen.[411]

Auch die Säuglings-, perinatale und Müttersterblichkeit ist Gegenstand von Ergebnismessungen in einigen der vorgestellten Publikationen. Das Fritz Beske Institut stellt beim Vergleich mehrerer Ergebnisgrößen eine unterdurchschnittliche

[407] Vgl. World Health Organization (2000), S. 176-183.
[408] Vgl. Fritz Beske Institut für Gesundheits-System-Forschung (2004a), S.110-115.
[409] Vgl. Social and Cultural Planning Office (2004), S. 168-169.
[410] Vgl. Fraser Institute (2008), S. 75.
[411] Vgl. Habl, C., Bachner, F. (2010), S. 48-51.

Säuglings- und Müttersterblichkeit in Deutschland fest.[412] Von 16 Vergleichsländern in der Analyse von Domenighetti und Quaglia haben sechs Staaten eine geringere Müttersterblichkeit und fünf Länder eine geringere perinatale Sterblichkeit als Deutschland.[413] Pommer, van der Torre und Kuhry ist zu entnehmen, dass die Säuglingssterblichkeit in Deutschland unter dem EU-15-Durchnitt lag. Allerdings stammen die Daten für diese Vergleiche aus den Jahren 1994 bis 2001. Das Fraser Institut stellt anhand von Zahlen aus 2005 fest, dass je zwölf von 28 Vergleichsländern eine geringere Säuglings- und perinatale Sterblichkeit aufwiesen als Deutschland.[414] Habl und Bachner verweisen auf eine Säuglingssterblichkeit in Deutschland knapp über dem EU-15-Durchschnitt im Jahr 2007.[415]

Mortalitätsraten sind in Deutschland je nach Indikation im internationalen Vergleich recht unterschiedlich. Das Fritz Beske Institut bestätigt dies für 27 Krankheiten anhand von Daten aus dem Jahr 2003.[416] Die durch medizinische Intervention vermeidbare Sterblichkeit, die von Domenighetti und Quaglia anhand verschiedener Indikationen berechnet wird, war in zahlreichen OECD Ländern geringer.[417] Bei der Analyse des Fraser Instituts schneidet das deutsche Gesundheitswesen bezüglich der um die Altersstruktur bereinigten Mortalitätsrate (Rang 17 von 26 OECD-Mitgliedsstatten, 2004) und bei den altersstandardisierten Mortalitätsraten, die in besonderem Maße vom Gesundheitssystem abhängen, (zwölfter Rang von 18 OECD-Mitgliedsstaaten, 2002/03) eher schlecht ab.[418] Habl und Bachner ist zu entnehmen, dass die Mortalität aufgrund von Diabetes in Deutschland höher ist, als im EU-15-Durchschnitt.[419]

Auch Vergleiche, die Bezug auf die Letalität von Krankheiten nehmen, werden von einigen Publikationen aus dem vierten Kapitel angestellt. Der Anteil der Mortalität an der Inzidenz von Brust- und Kolorektalkarzionomen lag 2002, wie der Analyse des Fraser Instituts zu entnehmen ist, in Deutschland im Mittelfeld bzw.

---

412 Vgl. Fritz Beske Institut für Gesundheits-System-Forschung (2004a), S.110-115.
413 Vgl. Domenighetti, G., Quaglia, J. (2001), S.13.
414 Vgl. Fraser Institute (2008), S.76-77.
415 Vgl. Habl, C., Bachner, F. (2010), S. 51-53.
416 Vgl. Fritz Beske Institut für Gesundheits-System-Forschung (2004a), S. 134-137.
417 Vgl. Domenighetti, G., Quaglia, J. (2001), S.13.
418 Vgl. Fraser Institute (2008), S.79-81.
419 Vgl. Habl, C., Bachner, F. (2010), S. 64.

oberen Mittelfeld im Vergleich zu anderen OECD-Mitgliedsstaaten.[420] Die Überlebensrate nach fünf Jahren bei Krebserkrankungen, die bei Habl und Bachner anhand von Daten aus den Jahren 2000 bis 2002 errechnet wurde, lag in Deutschland für Frauen knapp über und für Männer knapp unter dem EU-15-Durchschnitt, die Sterblichkeit innerhalb von 30 Tagen nach Einlieferung in ein Krankenhaus aufgrund der Diagnose ischämischer Schlaganfall im Jahr 2007 unter dem EU-15 Durchschnitt.[421]

Daneben wurden Indikatoren berücksichtigt, die sich mit der Morbidität und dem subjektiv eingeschätzten Gesundheitszustand beschäftigen. Wie der Analyse von Pommer, van der Torre und Kuhry zu entnehmen ist, bewerteten 2001 nur die Portugiesen den eigenen Gesundheitszustand in geringerem Ausmaß als gut.[422] Koch, Schürmann und Sawicki berufen sich auf Daten des Commonwealth Fund aus 2008. Diese deuten in eine andere Richtung: Nur in zwei Vergleichsländern war der Anteil derjenigen geringer, die ihre Gesundheit als weniger gut oder schlecht einschätzten, als in Deutschland. Nur in Kanada gab es anteilig weniger Personen, die nach den Maßgaben des Commonwealth Fund als schwerer erkrankt galten.[423] Habl und Bachner nehmen Bezug auf Übergewichtigkeit bzw. Fettleibigkeit, die 2007 in Deutschland zusammen über dem EU-15-Durchschnitt lagen; der selbsteingeschätzte allgemeine Gesundheitszustand wurde im selben Jahr unter den EU-15-Staaten anteilig am seltensten mit gut oder sehr gut bewertet. Die Anzahl kariöser, fehlender oder sanierter Zähne im bleibenden Gebiss bei Zwölfjährigen war 2007 in Deutschland und Großbritannien jedoch am geringsten.

Die Zusammenfassung erweist sich als schwierig: Die Einzelergebnisse des deutschen Gesundheitswesens im Vergleich zu Gesundheitssystemen anderer Industrienationen unterscheiden sich mitunter erheblich – auch innerhalb einzelner Studien. Die Ergebnisse des Fritz Beske Instituts in Bezug auf verschiedene Mortalitätsraten und die Ergebnisse von Habl und Bachner in Bezug auf Aspekte der Morbidität können daher in Tabelle 23 nicht berücksichtigt werden. Das Kürzel

420 Vgl. Fraser Institute (2008), S. 82-84.
421 Vgl. Habl, C., Bachner, F. (2010), S. 58-65.
422 Vgl. Social and Cultural Planning Office (2004), S. 172-174.
423 Vgl. Koch, K., Schürmann, C., Sawicki, P. (2010), S. 429.

„LE" steht für Lebenserwartung, „D" für die Differenz zwischen der unbereinigten und invaliditätsbereinigten Lebenserwartung, „F" für die fernere Lebenserwartung im 65. Lebensjahr, „S" für Säuglingssterblichkeit, „P" für perinatale Sterblichkeit und „MÜ" für Müttersterblichkeit. „M" steht für Mortalitätsindikatoren, „L" für Letalitätsindikatoren und „G" für Indikatoren, die den Gesundheitszustand bzw. Aspekte der Morbidität messen.

Publikation	**Outcomegrößen**		
	gut	**mittel**	**schlecht**
World Health Report 2000 der WHO (2000)			LE[i]
Analyse von Domenighetti und Quaglia (2001)		MÜ/P	M
Untersuchung des Fritz Beske Instituts (2004)		LE/F/S/MÜ	
Gegenüberstellung von Pommer, van der Torre und Kuhry (2004)		LE/D/S	G
Vergleich des Fraser Institutes (2008)	D	LE/ LE[i]/S/P/L	M[a]
Vergleich von Koch, Schürmann und Sawicki (2010)	G		
Gesundheitssystemvergleich von Habl und Bachner (2010)		LE/S/M/L	LE[i]

[a] altersbereinigt
[i] invaliditätsbereinigt

Tabelle 23: Outcomegrößen im deutschen Gesundheitswesen[424]

Fazit Outcomegrößen

Insgesamt zeichnen die verschiedenen Outcomegrößen und Messungen ein heterogenes Bild des deutschen Gesundheitswesens. Die Bewertung des Gesundheitssystems in Deutschland bezüglich ergebnisorientierter Größen auf aggregiertem Niveau ist deshalb kaum möglich. Eine vorsichtige Einschätzung sieht das deutsche Gesundheitswesen aber nicht unter den führenden im europäischen Vergleich.

424 Quelle: Eigene Darstellung in Anlehnung an World Health Organization (2000), S. 176-183; Fritz Beske Institut für Gesundheits-System-Forschung (2004a), S.110-137; Social and Cultural Planning Office (2004), S. 168-174; Fraser Institute (2008), S. 75-84; Habl, C., Bachner, F. (2010), S. 48-65; Domenighetti, G., Quaglia, J. (2001), S.13; Koch, K., Schürmann, C., Sawicki, P. (2010), S. 429.

5.4 Inanspruchnahme

Die Inanspruchnahme medizinischer Leistungen wird von mehreren Publikationen durch verschiedene Messungen für den ambulanten und stationären Bereich abgebildet. Zwar sind die Arztkontakte in der Analyse des Fritz Beske Instituts in Deutschland geringer als im Durchschnitt,[425] dem Vergleichen von Pommer, van der Torre und Kuhry sowie dem Vergleich Schölkopfs, die sich aktuellerer Daten bedienen, ist aber zu entnehmen, dass die Arztkontakte pro Kopf in Deutschland vergleichsweise hoch bzw. sehr hoch sind.[426] Nach Schölkopfs Analyse waren die Facharztkontakte 2004 in Deutschland unter den EU-15-Staaten am höchsten und die Allgemeinarztkontakte nur in Belgien höher. Auch die Inanspruchnahme stationärer Leistungen scheint im internationalen Vergleich hoch zu sein. Eine Gegenüberstellung Schölkopfs zeigt, dass die Krankenhausfallzahlen 2007 nur in Österreich und Frankreich höher waren.[427] Andere Publikationen bestätigen diese Tendenz.[428] Tabelle 24 gibt einen Überblick. Für die Arztkontakte steht das Kürzel „A", für die Krankenhaushäufigkeit „K".

Publikation	**Inanspruchnahme**		
	hoch	**mittel**	**gering**
Untersuchung des Fritz Beske Instituts (2004)		A	
Gegenüberstellung von Pommer, van der Torre und Kuhry (2004)	A/K		
Gesundheitssystemvergleich von Schölkopf (2010)	A/K		
Gesundheitssystemvergleich von Habl und Bachner (2010)	K		

Tabelle 24: Leistungsinanspruchnahme im deutschen Gesundheitswesen[429]

[425] Vgl. Fritz Beske Institut für Gesundheits-System-Forschung (2004a), S. 115-122.
[426] Vgl. Social and Cultural Planning Office (2004), S. 155; Schölkopf, M. (2010), S. 123-137.
[427] Vgl. Schölkopf, M. (2010), S. 103-114.
[428] Vgl. Social and Cultural Planning Office (2004), S. 150-151; Habl, C., Bachner, F. (2010), S. 38.
[429] Quelle: Eigene Darstellung in Anlehnung an Fritz Beske Institut für Gesundheits-System-Forschung (2004a), S. 115-122; Social and Cultural Planning Office (2004), S. 150-155; Schölkopf, M. (2010), S. 103-137; Habl, C., Bachner, F. (2010), S. 38.

Fazit Inanspruchnahme

Die Inanspruchnahme medizinischer Leistungen ist in Deutschland sowohl im ambulanten als auch im stationären Bereich als hoch einzustufen. Dies gilt ausdrücklich auch im Vergleich mit anderen hoch entwickelten Industrienationen.

5.5 Selbstzahlungen und Restriktionen

Wie das Fraser Institut feststellt, existieren im deutschen Gesundheitswesen Zuzahlungen im stationären Sektor, bei der allgemein- und fachärztlichen Versorgung sowie bei der Arzneimittelversorgung.[430] Pommer, van der Torre und Kuhry zählen das deutsche Gesundheitswesen zu einem korporatistischen Cluster mit eher hohen Zuzahlungen.[431] Die Analyse Schölkopfs zeigt zwar, dass die Zuzahlungen im internationalen Vergleich als recht gering einzustufen sind, die Zuzahlungen für den ambulanten Bereich ab 2004 wurden allerdings noch nicht berücksichtigt.[432] Gleiches gilt für die Analyse von Wendt.[433] Habl und Bachner ist zu entnehmen, dass der Anteil von Selbstzahlungen privater Haushalte an den Gesamtausgaben in Deutschland 2007 etwas höher war als im EU-15-Durchschnitt.[434] Dass sie sich Pflegeheimaufenthalte nicht oder kaum leisten können, äußerten nur Griechen und Portugiesen häufiger.[435] Bedenklich ist zudem, dass 28 % der Deutschen 2008 „aus Kostengründen in den letzten zwei Jahren mindestens einmal auf Medikamente oder einen Arztbesuch verzichtet oder eine Untersuchung / Behandlung ausgelassen [..] haben."[436]

Tabelle 25 fasst die Situation im deutschen Gesundheitswesen zusammen. „S" steht für Selbst- bzw. Zuzahlungen, „P" für die Leistbarkeit von Pflegeheimen und das Kürzel „V" für den Verzicht auf Leistungen aus Kostengründen.

430 Vgl. Fraser Institute (2008), S. 36.
431 Vgl. Social and Cultural Planning Office (2004), S. 134, für eine grafische Darstellung vgl. S. 181.
432 Vgl. Schölkopf, M. (2010), S. 103-167.
433 Vgl. Wendt, C. (2009b), S. 437.
434 Vgl. Habl, C., Bachner, F. (2010), S. 41.
435 Vgl. Habl, C., Bachner, F. (2010), S. 47.
436 Koch, K., Schürmann, C., Sawicki, P. (2010), S. 430.

Publikation	Selbstzahlungen		
	hoch	mittel	gering
Gegenüberstellung von Pommer, van der Torre und Kuhry (2004)	S		
Analyse von Wendt (2009)			S
Gesundheitssystemvergleich von Schölkopf (2010)			S
Vergleich von Koch, Schürmann und Sawicki (2010)		V	
Gesundheitssystemvergleich von Habl und Bachner (2010)	P	S	

Tabelle 25: Selbstzahlungen im deutschen Gesundheitswesen[437]

Nach Schölkopf existiert in Deutschland grundsätzlich freie Arztwahl im ambulanten wie im stationären Sektor.[438] Wendt merkt an, dass im deutschen Gesundheitswesen grundsätzlich kein Gatekeeper existiert und der Zugang zu Spezialisten keinerlei Regulierung unterliegt.[439] Der Anteil der Bevölkerung, der den Zugang zur hausärztlichen Versorgung als sehr einfach oder eher einfach beurteilte, war unter 14 europäischen Vergleichsländern 2007 in Österreich, Deutschland und Spanien am höchsten. Für die stationäre Versorgung war der Anteil nur in Österreich höher.[440]

Tabelle 26 fasst diese Ergebnisse zusammen. Das Kürzel „A" steht für die Arztwahl, „G" für einen Gatekeeper im Gesundheitswesen und „Z" für den Zugang zur Versorgung. Anschließend wird ein Fazit für die Selbstzahlungen und Restriktionen im deutschen Gesundheitswesen gezogen.

437 Quelle: Eigene Darstellung in Anlehnung an Social and Cultural Planning Office (2004), S. 134; Habl, C., Bachner, F. (2010), S. 41-47; Koch, K., Schürmann, C., Sawicki, P. (2010), S. 430.
438 Vgl. Schölkopf, M. (2010), S. 103-137.
439 Vgl. Wendt, C. (2009b), S. 436-437.
440 Vgl. Habl, C., Bachner, F. (2010), S. 46.

Publikation	Restriktionen		
	hoch	mittel	gering
Analyse von Wendt (2009)			G/Z
Gesundheitssystemvergleich von Schölkopf (2010)			A
Gesundheitssystemvergleich von Habl und Bachner (2010)			Z

Tabelle 26: Restriktionen im deutschen Gesundheitswesen[441]

Fazit Selbstzahlungen und Restriktionen

Das deutsche Gesundheitssystem ist grundsätzlich recht frei von institutionellen Restriktionen in Bezug auf den Zugang zu medizinischer Versorgung. Dies gilt sowohl für den stationären als auch für den ambulanten Bereich bzw. die allgemein- und fachärztliche Versorgung. Allerdings ist festzustellen, dass Selbstzahlungen existieren, die – insbesondere für Personen und Haushalte mit niedrigem Einkommen – Hürden bzw. finanzielle Barrieren darstellen können und sogar Grund sind, auf notwendige Leistungen zu verzichten. Ein Indikator dafür ist auch der hohe Anteil von Personen mit unerfüllten Behandlungswünschen. Auf diesen wird im übernächsten Abschnitt eingegangen.[442]

5.6 Wartezeiten

Auch die Wartezeit ist in mehreren Publikationen Vergleichsgegenstand. Der Vergleich von Koch, Schürmann und Sawicki attestiert zwar geringe Wartezeiten für Facharzttermine, aber mittelhohe Wartezeiten für Hausarzttermine in Deutschland (Daten aus 2008).[443] Alle anderen Veröffentlichungen, die die Wartezeit vergleichen, gelangen zu dem Schluss, dass in Deutschland allenfalls sehr geringe Wartezeiten existieren.[444] Allerdings verweist das Fritz Beske Institut darauf, dass

[441] Quelle: Eigene Darstellung in Anlehnung an Schölkopf, M. (2010), S. 103-137; Wendt, C. (2009b), S. 436-437; Habl, C., Bachner, F. (2010), S. 46.

[442] Vgl. Habl, C., Bachner, F. (2010), S. 42-43.

[443] Vgl. Koch, K., Schürmann, C., Sawicki, P. (2010), S. 431.

[444] Vgl. Fritz Beske Institut für Gesundheits-System-Forschung (2004a), S. 126-132; Schölkopf, M. (2010), S. 103-114; Social and Cultural Planning Office (2004), S. 163.165.

– meist für hochspezialisierte Leistungen, wie die Herzchirurgie – Wartezeiten auch in Deutschland vorkommen.[445]

5.7 Zufriedenheit

Das Fritz Beske Institut beruft sich auf eine Meinungsumfrage aus dem Jahr 1996, die dem deutschen Gesundheitswesen den siebten Rang unter den EU-15-Staaten zuweist.[446] Der Vergleich von Domenighetti und Quaglia zeigt ein ähnliches Bild: Die Zufriedenheit der Bevölkerung war unter den EU-15-Ländern (1996) und der Schweiz (1997) in fünf Staaten höher als in Deutschland.[447] Der Analyse von Pommer, van der Torre und Kuhry ist zu entnehmen, dass das Vertrauen in das Gesundheitssystem 2000 und 2001 nur in drei EU-15-Ländern geringer war.[448] Das Fraser Institut stellt fest, dass 51 % der Deutschen 2007 der Meinung waren, es bestehe Bedarf an grundlegenden Änderungen im Gesundheitswesen. 27 % hielten einen Neuaufbau des eigenen Gesundheitssystems für notwendig. Lediglich 20 % waren der Meinung, dass das Gesundheitssystem in ihrem Land gut arbeitet und nur geringer Änderungsbedarf besteht.[449] Koch, Schürmann und Sawicki betonen, dass sich „die Befragten in Deutschland […] in der Bewertung des Gesundheitswesens nicht einig [waren]:“[450] Ein Viertel der Befragten war 2008 der Ansicht, dass das System von Grund auf verändert werden muss. Nur in den USA lag dieser Anteil höher. Auf der anderen Seite waren 24 % der Meinung, dass lediglich Kleinigkeiten geändert werden müssen. 50 % sahen gute Ansätze, aber auch grundlegenden Änderungsbedarf.[451] Der Anteil der Befragten, die die Qualität der medizinischen Versorgung als ausgezeichnet bzw. sehr gut beurteilten, ist mit 34 % im Vergleich von Koch, Schürmann und Sawicki am geringsten. Der Anteil der Befragten, die die Qualität 2008 als weniger gut bzw. schlecht beurteilten, war mit 12 % in Deutschland allerdings eher niedrig. Mehr als die Hälfte (53 %) der Befragten in Deutschland beurteilte die Qualität als gut.[452] Habl und

---

445 Vgl. Fritz Beske Institut für Gesundheits-System-Forschung (2004a), S. 126-132.
446 Vgl. Fritz Beske Institut für Gesundheits-System-Forschung (2004a), S. 132-133.
447 Vgl. Domenighetti, G., Quaglia, J. (2001), S. 12-13.
448 Vgl. Social and Cultural Planning Office (2004), S. 166; Social and Cultural Planning Office (2004), S. 179-180.
449 Vgl. Fraser Institute (2008), S. 72.
450 Koch, K., Schürmann, C., Sawicki, P. (2010), S. 429.
451 Vgl. Koch, K., Schürmann, C., Sawicki, P. (2010), S. 429-430.
452 Vgl. Koch, K., Schürmann, C., Sawicki, P. (2010), S. 429-430.

Bachner stellen fest, dass der Anteil der im Jahr 2009 befragten Bevölkerung, der die Qualität des Gesundheitssystems mit sehr gut oder gut bewertete, im EU-15-Schnitt bei 77 % und in Deutschland bei 86 % lag.[453] Außerdem berücksichtigen die Autoren den Bevölkerungsanteil mit unerfüllten Behandlungswünschen im Jahr 2007. Dieser war für Männer nur in Griechenland und für Frauen nur in Griechenland und Portugal höher.[454] Tabelle 27 fasst diese Ergebnisse zusammen. Das Kürzel „Z“ steht für Zufriedenheit, „V“ für das Vertrauen in das System, „Q“ für eine Befragung nach der Qualität und „U“ für unerfüllte Behandlungswünsche.

Publikation	Zufriedenheit		
	hoch	mittel	gering
Analyse von Domenighetti und Quaglia (2001)		Z	
Untersuchung des Fritz Beske Instituts (2004)		Z	
Gegenüberstellung von Pommer, van der Torre und Kuhry (2004)			V
Vergleich des Fraser Institutes (2008)			Z
Vergleich von Koch, Schürmann und Sawicki (2010)	Q	Z	
Gesundheitssystemvergleich von Habl und Bachner (2010)	Q		U

Tabelle 27: Zufriedenheit mit dem deutschen Gesundheitswesen[455]

Fazit Zufriedenheit

Insgesamt scheint die Zufriedenheit der deutschen Bevölkerung – verglichen mit den Bürgern anderer Industrienationen – akzeptabel zu sein. Allerdings muss dabei beachtet werden, dass ein erheblicher Teil der Deutschen weniger zufrieden ist und grundlegenden Änderungsbedarf sieht.

---

[453] Vgl. Habl, C., Bachner, F. (2010), S. 66.

[454] Vgl. Habl, C., Bachner, F. (2010), S. 43.

[455] Quelle: Eigene Darstellung in Anlehnung an Fritz Beske Institut für Gesundheits-System-Forschung (2004a), S. 132-133; Domenighetti, G., Quaglia, J. (2001), S. 12-13; Social and Cultural Planning Office (2004), S. 166-180; Fraser Institute (2008), S. 72; Koch, K., Schürmann, C., Sawicki, P. (2010), S. 429-330; Habl, C., Bachner, F. (2010), S. 43.

6. Schlussbetrachtung

Zielvorgabe für diese Untersuchung war es, das Gesundheitswesen in Deutschland mit Gesundheitssystemen anderer Staaten zu vergleichen, um auf die Qualität des deutschen Systems schließen zu können und Stärken und Schwächen zu identifizieren.

Dazu dienten 190 Vergleichselemente bzw. 130 unterschiedliche Indikatoren aus neun, mitunter sehr unterschiedlichen, Veröffentlichungen. Die Indikatoren wurden in 12 Kategorien und eine „sonstige Kategorie" eingeteilt. Acht dieser Kategorien konnten für eine zusammenfassende Analyse verwendet werden.

Ergebnis dieser Analyse ist, dass das deutsche Gesundheitswesen ein hohes Ausgabenniveau hat, dass es sich auf eine gut ausgebaute Versorgungsstruktur und hohe Verfügbarkeit materieller und personeller Ressourcen stützt und damit über eine gute Strukturqualität verfügt. Outcomeorientierte Messungen zeichnen ein heterogenes Bild der Ergebnisqualität des Gesundheitswesens in Deutschland und legen die Vermutung nahe, dass es in diesem Bereich nicht zu den führenden in Europa zählt. Die Inanspruchnahme von Leistungen ist als hoch einzustufen. Der Zugang zur Versorgung ist kaum reglementiert. Allerdings existieren Zuzahlungen, die – besonders für Einkommensschwache – finanzielle Barrieren darstellen können. Das deutsche Gesundheitswesen ist weitestgehend frei von Wartezeiten. Die Zufriedenheit der Bevölkerung ist insgesamt akzeptabel, ein erheblicher Teil der Bevölkerung sieht aber grundlegenden Änderungsbedarf.

Bei der Beurteilung anderer Bereiche stößt diese Arbeit an ihre Grenzen. Zwar wurden auch einzelne Indikatoren anderer Kategorien besprochen und die Ergebnisse der Messungen vorgestellt, eine abschließende, zusammenfassende Aussage ist allerdings nicht möglich: Einige Vergleichsdimensionen werden in den neun ausgewählten Publikationen nur angeschnitten oder nur durch einen einzigen Indikator oder vereinzelte Messungen berücksichtigt. Dazu zählen insbesondere Gerechtigkeits- und Verteilungsaspekte, die Patientenorientierung, Sicherheit und direkte Effizienzbetrachtungen. Auch Aussagen über die Prozessqualität sind anhand der ausgewählten Publikationen nicht möglich.

Die vorliegenden Ergebnisse weisen Ansatzpunkte für die Weiterentwicklung des deutschen Gesundheitssystems auf. Für Entscheidungsträger gilt es, die Stärken des Gesundheitswesens in Deutschland zu erhalten bzw. auszubauen und zu nutzen sowie Lösungsstrategien für Schwächen und Probleme zu erarbeiten. Dies kann mit Zuversicht geschehen: Die hohe Strukturqualität im deutschen Gesundheitswesen bietet im Sinne Donabedians die Möglichkeit, über einen guten Versorgungsprozess (noch) bessere Ergebnisqualität zu erzielen.[456]

Für spätere Arbeiten wäre es interessant, die angeführten Lücken zu schließen, die Ursachen der vorliegenden Ergebnisse näher zu ergründen oder anhand neuster Daten einen eigenen Vergleich anzustellen. Dabei könnten Prozessanalysen die bisherigen Indikatoren ergänzen und andere theoretische Zugänge die vorwiegend gesundheitsökonomischen Überlegungen unterstützen.

[456] Vgl. Donabedian, A. (1980), S. 84.

Literaturverzeichnis

Adam, H., Henke, K.-D. (2006)
Gesundheitsökonomie, in: Hurrelmann, K., Laaser, U., Razum, O. (Hrsg.), Handbuch Gesundheitswissenschaften, 4., vollständig überarbeitete Auflage, Weinheim, München, Juventa, 1147-1168

Alparslan, A. (2006)
Strukturalistische Prinzipal-Agent-Theorie: Eine Reformulierung der Hidden- Action-Modelle aus der Perspektive des Strukturalismus, Wiesbaden, Deutscher Universitäts-Verlag

Badura, B., Feuerstein, G. (1994)
Krisenbewältigung durch Systemgestaltung, in: Badura, B., Feuerstein, G. (Hrsg.), Systemgestaltung im Gesundheitswesen, Zur Versorgungskrise der hochtechnisierten Medizin und den Möglichkeiten ihrer Bewältigung, Wein heim, München, Juventa, 9-19

Badura, B., Feuerstein, G. (Hrsg.) (1994)
Systemgestaltung im Gesundheitswesen, Zur Versorgungskrise der hochtechnisierten Medizin und den Möglichkeiten ihrer Bewältigung, Weinheim, München, Juventa

Bauch, J. (1996)
Läßt sich das Gesundheitswesen politisch steuern? Die Gesundheitsreform in systemtheoretischer Sicht, in: Sozialwissenschaften und Berufspraxis (SuB) 19, 3, 242-247

Breyer, F., Buchholz, W. (2009)
Ökonomie des Sozialstaats, 2., überarbeitete Auflage, Berlin, Heidelberg, Springer

Breyer, F., Zweifel, P., Kifmann, M. (2005)
Gesundheitsökonomik, 5., überarbeitete Auflage, Berlin, Heidelberg, New York, Springer

Brink, A. (2005)
Anfertigung wissenschaftlicher Arbeiten: Ein prozessorientierter Leitfaden zur Erstellung von Bachelor-, Master- und Diplomarbeiten, 2., völlig überarbeitete Auflage, München, Oldenbourg

Bundesärztekammer (2009a)
BÄK Intern, Informationsdienst der Bundesärztekammer (Juli 2009), URL: http://www.bundesaerztekammer.de/downloads/BAeK_Intern_Juli_2009_kenn wortgeschuetzt.pdf [Stand: 20.11.2010]

Bundesärztekammer (2009b)
Mehr Ärztinnen und Ärzte braucht das Land!, Pressekonferenz am 21. April 2009, URL: http://www.bundesaerztekammer.de/downloads/Praesentation-Kopetsch.pdf [Stand: 20.11.2010]

Bundesministerium für Gesundheit und soziale Sicherung (2003)
Nachhaltigkeit in der Finanzierung der sozialen Sicherungssysteme, URL: http://www.bmas.de/portal/538/property=pdf/nachhaltigkeit__in__der__finanzierung__der__sozialen__sicherungssysteme.pdf [Stand: 16.09.2010]

Bürger, C. (2003)
Patientenorientierte Information und Kommunikation im Gesundheitswesen, Wiesbaden, Deutscher Universitäts-Verlag

Commonwealth Fund (2008),
The 2008 Commonwealth Fund International Health Policy Survey of Sicker Adults, Topline Results, URL: http://www.commonwealthfund.org/~/media/Files/Surveys/2008/The%202008%20Commonwealth%20Fund%20International%20Health%20Policy%20Survey%20of%20Sicker%20Adults/IHP2008_CMWF__DSQ_for_web%20pdf.pdf [Stand: 27.11.2010]

Deutsches Institut für Normung e.V. (1995)
DIN EN ISO 8402: 1995.08. Qualitätsmanagement Begriffe (ISO 8402:1994). Dreisprachige Fassung EN ISO 8402:1995, Berlin, Beuth

Deutsches Institut für Normung e.V. (2005)
DIN EN ISO 9000:2005-12. Qualitätsmanagementsysteme - Grundlagen und Begriffe (ISO 9000:2005). Dreisprachige Fassung EN ISO 9000:2005, Berlin, Beuth

Domenighetti, G., Quaglia, J. (2001)
Analyse der Leistungsfähigkeit des schweizerischen Gesundheitswesens im internationalen Vergleich, URL: http://www.seco.admin.ch/dokumentation/publikation/00007/00021/01607/ind ex.html [Stand: 30.01.2011]

Donabedian, A. (1966)
Evaluating the Quality of Medical Care, in: Milbank Fund Quarterly 44, 3, 2, 166-204

Emmert, M. (2008)
Pay for Performance (P4P) im Gesundheitswesen - Ein Ansatz zur Verbesse rung der Gesundheitsversorgung?, Burgdorf, HERZ
Europäisches Parlament (1998)
Das Gesundheitswesen in der EU. Eine vergleichende Untersuchung, URL: http://www.europarl.europa.eu/workingpapers/saco/pdf/101_de.pdf [Stand: 07.09.2010]
Fraser Institute (2008)
How Good Is Canadian Health Care? 2008 Report, An International Compari son of Health Care Systems, URL: http://www.fraserinstitute.org/workarea/DownloadAsset.aspx?id=3028 [Stand: 30.12.2010]
Fritz Beske Institut für Gesundheits-System-Forschung (2004a)
Das Gesundheitswesen in Deutschland im internationalen Vergleich - Eine Antwort auf die Kritik -, Kiel, Schmidt & Klaunig
Fritz Beske Institut für Gesundheits-System-Forschung (2004b)
Gesundheitswesen von Industrienationen im Vergleich: Deutschlands Gesundheitswesen hoch effizient, Pressemitteilung zur Pressekonferenz des IGSF am 31. August 2005 in Berlin - Langfassung -, URL: http://www.igsf.de/Band104-lang.pdf [Stand: 01.08.2010]
Fritz Beske Institut für Gesundheits-System-Forschung (2005a)
Leistungskatalog des Gesundheitswesens im internationalen Vergleich - Eine Analyse von 14 Ländern -, Band I: Struktur, Finanzierung und Gesundheitsleistungen, Kiel, Schmidt & Klaunig
Fritz Beske Institut für Gesundheits-System-Forschung (2005b)
Leistungskatalog des Gesundheitswesens im internationalen Vergleich - Eine Analyse von 14 Ländern -, Band II: Geldleistungen, Kiel, Schmidt & Klaunig
Gantert, K. (2010)
Elektronische Informationsressourcen für Germanisten, Berlin, New York, De Gruyter Saur
Grüning, M. (2002)
Performance-Measurement-Systeme: Messung und Steuerung von Unternehmensleistung, Wiesbaden, Deutscher Universitäts-Verlag
Habl, C., Bachner, F. (2010)
Das österreichische Gesundheitswesen im internationalen Vergleich 2009, URL: http://www.goeg.at/media/download/berichte/Gesundheitswesen_2010.pdf [Stand: 01.12.2010]
Herder-Dornreich, P., Schuller, A. (Hrsg.) (1983)
Die Anspruchsspirale: Schicksal oder Systemdefekt?, Stuttgart, Berlin, Köln, u. a., Kohlhammer
Hurrelmann, K., Laaser, U., Razum, O. (Hrsg.) (2006)
Handbuch Gesundheitswissenschaften, 4., vollständig überarbeitete Auflage, Weinheim, München, Juventa
Institute of Medicine (1990)
Medicare: A Strategy for Quality Assurance, Volume II Sources and Methods, Washington D.C., The National Academies Press
Jaeckel, R. (2009)
Gesundheitssystemvergleiche: Vom Best-Practice-Ansatz zu einem europäischen Modell der Versorgungsforschung?, in: Monitor Versorgungsforschung 2, 1, 43-47
Jürges, H. (2006)
True Health vs. Response Styles: Exploring Cross-country Differences in Self-reported Health, URL: http://www.diw.de/documents/publikationen/73/diw_01.c.44377.de/dp588.pdf [Stand: 28.11.2010]
Keller, A. (2005)
Elektronische Zeitschriften: Grundlagen und Perspektiven, 2., aktualisierte und stark erweiterte Auflage, Wiesbaden, Harrassowitz
Kellermann, P. (Hrsg.) (2007)
Die Geldgesellschaft und ihr Glaube, Ein interdisziplinärer Polylog, Wiesbaden, Verlag für Sozialwissenschaften
Kersting, W. (2000)
Gerechtigkeitsprobleme sozialstaatlicher Gesundheitsversorgung, in: Kersting, W. (Hrsg.), Politische Philosophie des Sozialstaats, Weilerwist, Velbrück Wissenschaft, 467-507
Kersting, W. (Hrsg.) (2000)
Politische Philosophie des Sozialstaats, Weilerwist, Velbrück Wissenschaft
Koch, K., Schürmann, C., Sawicki, P. (2010)
Das deutsche Gesundheitswesen im internationalen Vergleich, Die Perspektive der Patienten, URL: http://www.aerzteblatt.de/v4/archiv/pdf.asp?id=77030 [Stand: 30.01.2011]
Lepsius, M. R. (2009)
Interessen, Ideen und Institutionen, 2. Auflage, Wiesbaden, Verlag für Sozialwissenschaften

Luhmann, N. (1983)
Anspruchsinflation im Krankensystem. Eine Stellungnahme aus gesellschaftstheoretischer Sicht, in: Herder-Dornreich, P., Schuller, A. (Hrsg.), Die Anspruchsspirale: Schicksal oder Systemdefekt?, Stuttgart, Berlin, Köln, u. a., Kohlhammer, 28-49

Mayntz, R., Scharpf, F. W. (Hrsg.) (1995)
Gesellschaftliche Selbstregelung und politische Steuerung, Frankfurt, New York, Campus

Mayntz, R., Scharpf, F. W. (1995a)
Der Ansatz des akteurzentrierten Institutionalsimus, in: Mayntz, R., Scharpf, F. W. (Hrsg.), Gesellschaftliche Selbstregelung und politische Steuerung, Frankfurt, New York, Campus, 39-72

Mayntz, R., Scharpf, F. W. (1995b)
Steuerung und Selbstorganisation in staatsnahen Sektoren, in: Mayntz, R., Scharpf, F. W. (Hrsg.), Gesellschaftliche Selbstregelung und politische Steuerung, Frankfurt, New York, Campus, 9-38

Medvedeva, S. (2007)
Health-Technology-Assessment - Ein Instrument zur Nivellierung von Informationsasymmetrien im Gesundheitswesen?, in: Schulenburg, J.-M. Graf v. d. (Hrsg.), Das Gesundheitssystem zwischen Wettbewerb und Staatsdirigismus, Göttingen, Cuvillier, 49-77

Offermanns, G. (2007)
Monetik statt Ethik im Gesundheitswesen - entscheidet Geld über Leben und Tod von Patienten?, in: Kellermann, P. (Hrsg.), Die Geldgesellschaft und ihr Glaube, Ein interdisziplinärer Polylog, Wiesbaden, Verlag für Sozialwissenschaften, 41-55

Organisation for Economic Co-operation and Development (2006)
Health Care Quality Indicators Project Conceptual Framework Paper, URL: http://www.oecd.org/dataoecd/1/36/36262363.pdf [Stand: 24.07.2010]

Organisation for Economic Co-operation and Development (2009)
Gesundheit auf einen Blick 2009, OECD-Indikatoren, URL: http://www.oecd.org/document/21/0,3343,de_34968570_34968855_39617173 _1_1_1_1,00.html [Stand: 21.11.2010]

Organisation for Economic Co-operation and Development (2010)
OECD Health Data 2010, URL: http://www.ecosante.org/index2.php?base=OCDE&langh=ENG&langs=DEU &sessionid= [Stand: 22.01.2011]

Pleier, N. (2008)
Performance-Measurement-Systeme und der Faktor Mensch: Leistungssteuerung effektiver gestalten, Wiesbaden, Gabler

Rebscher, H. (2009)
Gesundheitssysteme im Wandel - Eine Einführung, in: Rebscher, H., Kauf mann, S. (Hrsg.), Gesundheitssysteme im Wandel, Heidelberg, München, Landsberg, u. a., Economica, 1-8

Rebscher, H., Kaufmann, S. (Hrsg.) (2009)
Gesundheitssysteme im Wandel, Heidelberg, München, Landsberg, u. a., Economica

Reibling, N., Wendt, C. (2008)
Access Regulation and Utilization of Healthcare Services, URL: http://www.mzes.uni-mannheim.de/publications/wp/wp-113.pdf [Stand: 30.12.2010]

Roeder, N., Hensen, P. (2008)
Gesundheitsökonomie, Gesundheitssystem und öffentliche Gesundheitspflege, Ein praxisorientiertes Kurzlehrbuch, Köln, Deutscher Ärzteverlag

Röhrig, B., Prel, J.-B. du, Blettner, M. (2009)
Studiendesign in der medizinischen Forschung: Teil 2 der Serie zur Bewertung wissenschaftlicher Publikationen, in: Deutsches Ärzteblatt, 106, 11, 184-189

Roiger, M. B. (2007)
Gestaltung von Anreizsystemen und Unternehmensethik: Eine norm- und wertebezogene Analyse der normativen Principal-Agent-Theorie, Wiesbaden, Deutscher Universitäts-Verlag

Rösch, H. (2008)
Academic Libraries und Cyberinfrastructure in den USA. Das System wissenschaftlicher Kommunikation zu Beginn des 21. Jahrhunderts, Wiesbaden, Dinges & Frick

Saam, N. C. (2002)
Prinzipale, Agenten und Macht: Eine machttheoretische Erweiterung der Agenturtheorie und ihre Anwendung auf Interaktionsmuster in der Organisationsberatung, Tübingen, Mohr Siebeck

Sachße, C., Engelhardt, H. T. (Hrsg.)
Sicherheit und Freiheit: Zur Ethik des Wohlfahrtsstaates, Frankfurt am Main, Suhrkamp

Schmutte, A. M. (1998)
Total Quality Management im Krankenhaus, Wiesbaden, Gabler

Schölkopf, M. (2010)
Das Gesundheitswesen im internationalen Vergleich, Gesundheitssystemvergleich und die europäische Gesundheitspolitik, Berlin, Medizinisch Wissenschaftliche Verlagsgesellschaft

Schulenburg, J.-M. Graf v. d. (1990)
Die ethischen Grundlagen des Gesundheitssystems in der Bundesrepublik Deutschland. Versuch einer Positionsbestimmung, in: Sachße, C., Engelhardt, H. T. (Hrsg.), Sicherheit und Freiheit: Zur Ethik des Wohlfahrtsstaates, Frankfurt am Main, Suhrkamp, 313-335

Schulenburg, J.-M. Graf v. d. (Hrsg.) (2007)
Das Gesundheitssystem zwischen Wettbewerb und Staatsdirigismus, Göttingen, Cuvillier

Schulenburg, J.-M. Graf v. d., Greiner, W. (2007)
Gesundheitsökonomik, 2., neu bearbeitete Auflage, Tübingen, Mohr Siebeck

Schulz, R., Johnson, A. C. (2003)
Management of hospitals and health services: strategic issues and performance, 3. Auflage, Washington, Beard Books

Schwartz, D. (2006)
Digitale Bibliotheken und Portale (1): Elektronische Informations- und Dienstleistungsangebote in der Wissensgesellschaft, Hamburg, Dashöfer

Social and Cultural Planning Office (2004)
Public Sector Performance, An international comparison of education, health care, law and order and public administration, URL:
http://www.scp.nl/english/dsresource?objectid=22049&type=org [Stand: 20.12.2010]

Sohn, S. (2006)
Integration und Effizienz im Gesundheitswesen – Instrumente und ihre Evidenz für die integrierte Versorgung, Burgdorf, HERZ

Söllner, A. (2008)
Einführung in das internationale Management: Eine institutionenökonomische Perspektive, Wiesbaden, Gabler

Tedd, L. A., Large, A. (2005)
Digital libraries: Principles and practice in a global environment, München, K. G. Saur

The Commonwealth Fund (2008)
Why Not the Best? Results from the National Scorecard on U.S. Health System Performance, 2008, URL:
http://www.commonwealthfund.org/usr_doc/Why_Not_the_Best_national_sco recard_2008.pdf [Stand: 13.08.2010]

The Commonwealth Fund (2010)
http://www.commonwealthfund.org/~/media/Files/Publications/Fund%20Report/2010/Jun/1400_Davis_Mirror_Mirror_on_the_wall_2010.pdf [Stand: 13.08.2010]

Viethen, G. (1995)
Qualität im Krankenhaus: Grundbegriffe und Modelle des Qualitätsmanagements, Stuttgart, New York, Schattauer

Wendt, C. (2005)
Der Gesundheitssystemvergleich: Konzepte und Perspektiven, URL:
http://www.mzes.uni-mannheim.de/publications/wp/wp-88.pdf [Stand: 07.09.2010]

Wendt, C. (2009a)
Krankenversicherung oder Gesundheitsversorgung? Gesundheitssysteme im Vergleich, 2., überarbeitete Auflage, Wiesbaden, Verlag für Sozialwissenschaften

Wendt, C. (2009b)
Mapping European healthcare systems: a comparative analysis of financing, service provision and access to healthcare, URL:
http://esp.sagepub.com/content/19/5/432.full.pdf+html [Stand: 30.12.2010]

Wendt, C., Grimmeisen, S., Helmert, U., Rothgang, H. u. a. (2004)
Convergence or Divergence of OECD Health Care Systems?, URL:
http://econstor.eu/bitstream/10419/28259/1/497811022.PDF [Sand: 07.09.2010]

Willke, H. (2001)
Systemtheorie III: Steuerungstheorie: Grundzüge einer Theorie der Steuerung komplexer Sozialsysteme, 3., überarbeitete Auflage, Stuttgart, Lucius & Lucius

Wilson, K. (2006)
Computers in libraries: An introduction for library technicians, Binghamton, Haworth Information Press

Wolf, C. E. (2006)
Basic library skills, 5. Auflage, Jefferson, McFarland
World Health Organization (2000)
The World health report 2000: health systems: improving performance, URL: http://www.who.int/whr/2000/en/whr00_en.pdf [Stand: 04.11.2010]
World Health Organization (2006)
Quality of care: a process for making strategic choices in health systems, URL: http://www.who.int/management/quality/assurance/QualityCare_B.Def.pdf [Stand: 16.07.2010]
Zollondz, H.-D. (2006)
Grundlagen Qualitätsmanagement. Einführung in Geschichte, Begriffe, Systeme und Konzepte, 2., vollständig überarbeitete und erweiterte Auflage, München, Oldenbourg

Anhang

Anhang 1: Einordnung des Begriffs Qualität im Gesundheitswesen

Die Qualität im Bereich der Gesundheitsversorgung wird auf unterschiedliche Weise interpretiert. Anhand von Arbeitspapieren der WHO, OECD und des Commonwealth Fund werden verschiedene Auffassungen bzw. Herangehensweisen vorgestellt.

In einem Dokument, das sich mit dem Aufbau einer Strategie zur Verbesserung der Qualität im Gesundheitswesen beschäftigt, beschreibt die WHO Qualität der Gesundheitsversorgung in sechs Dimensionen.[457] Der Versorgung wird hohe Qualität zugesprochen, wenn sie folgende Eigenschaften aufweist:

- Effektivität im Sinne einer evidenzbasierten Versorgung und einer Verbesserung des Gesundheitszustandes von Individuen und dem Kollektiv im Ergebnis (gemessen an den Bedürfnissen),
- Effizienz durch Nutzenmaximierung und Vermeidung von Verschwendung,
- Zugänglichkeit, als geografisch und zeitlich angemessene Versorgungsstruktur, in der Fachkunde und Ressourcen den medizinischen Ansprüchen genügend,
- Patientenorientierung, durch die Berücksichtigung der Ansprüche und Präferenzen der einzelnen Patienten bzw. Versicherten und der Kultur des Kollektivs,
- Gerechtigkeit im Sinne der Gleichheit medizinischer Versorgung unabhängig von individuellen Charakteristika wie Rasse, ethnische Zugehörigkeit, Wohnort, sozioökonomischer Status oder Geschlecht,
- Sicherheit, durch das Minimieren von Risiken und Schädigungen von Leistungsnehmern.[458]

---

[457] Vgl. World Health Organization (2006)
[458] Vgl. World Health Organization (2006), S. 9-10.

Mit den Dimensionen Zugänglichkeit und Gerechtigkeit werden der Qualität Aspekte zugeordnet, die der eigentlichen Leistungserbringung und deren Ergebnis nicht direkt zuzuordnen sind, aber für ein Gesundheitssystem bzw. dessen Patienten von entscheidender Bedeutung sind. Durch die Dimension Effizienz werden auch ökonomische Aspekte berücksichtigt. Dies ist für einen Vergleich unterschiedlicher Gesundheitssysteme unumgänglich.

Die OECD geht in einem Arbeitspapier bzw. Rahmenwerk für ein Projekt zur Festlegung von Indikatoren bei der Beurteilung von Qualität im Gesundheitssektor (Health Care Quality Indicators Project[459]) einen anderen Weg. Ausgehend von nationalen Dokumenten aus den Mitgliedsstaaten Australien, Kanada, Dänemark, Holland, UK und USA, die sich mit der Leistung oder der Qualität von der Gesundheitsversorgung beschäftigen, wurde eine visuelle Zusammenfassung geschaffen.[460]

---

459 Hintergrundinformationen zum Health Care Quality Indicators Project der OECD abrufbar unter http://www.oecd.org/document/48/0,3343,en_2649_33929_37090416_1_1_1_1,00.html [Stand: 29.01.2011].

460 Vgl. Organisation for Economic Co-operation and Development (2006)

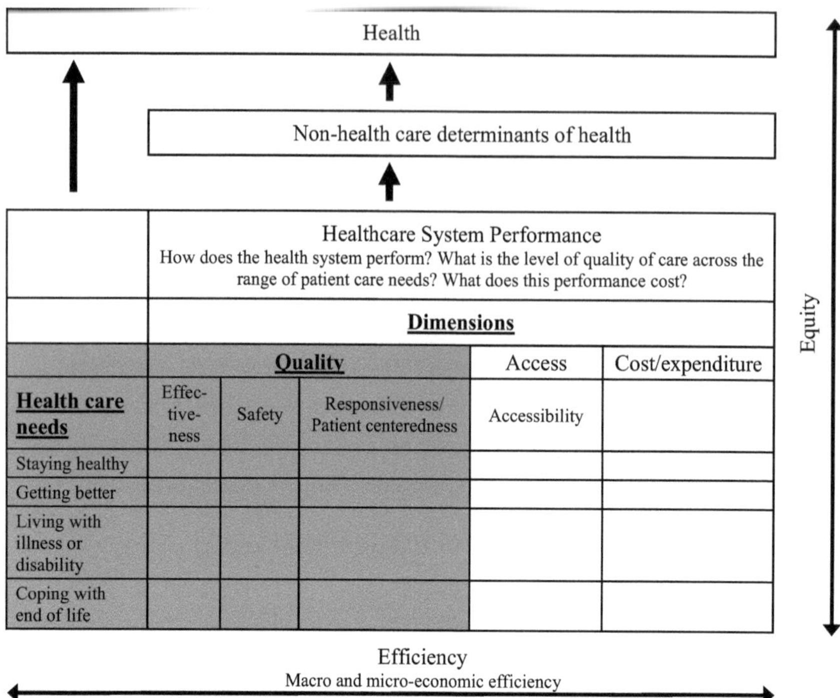

Dimensionen der Qualität in einem Rahmenwerk der OECD[461]

Wie der Abbildung ersichtlich, wird die Leistung von Gesundheitsversorgung in fünf Dimensionen unterteilt: Qualität, Zugänglichkeit, Kosten, Effizienz und Gerechtigkeit. Auch Faktoren, die in Zusammenhang mit der Leistung von Gesundheitsversorgung stehen, werden berücksichtigt (Design des Gesundheitssystems, Politik und Kontext, Einflussfaktoren auf die Gesundheit außerhalb der Gesundheitsversorgung und übergreifend das Niveau der Gesundheit). Der Fokus für das Health Care Quality Indicators Project liegt auf der Matrix, die der Abbildung von der horizontalen Achse „Quality" und der vertikalen Achse „Health care needs" begrenzt wird (grauer Kasten).[462] Entscheidend aber ist, dass sich die Dimensionen der Qualität von Gesundheitsversorgung, im Gegensatz zur oben beschriebe-

[461] Quelle: Eigene Darstellung in Anlehnung an Organisation for Economic Co-operation and Development (2006), S. 15.

[462] Vgl. Organisation for Economic Co-operation and Development (2006), S. 14-15.

nen Auslegung der WHO, auf Effektivität, Sicherheit und Patientenorientierung beschränken. „Effectiveness, safety and responsiveness / patientcenteredness are taken to be the core quality dimensions."[463] Bei der Beurteilung verschiedener Gesundheitssysteme in der Gesundheitsökonomie ist der Blick auf wirtschaftliche Faktoren allerdings unumgänglich. Auch Gerechtigkeitsüberlegungen sind für die Gesundheitsversorgung ein entscheidender Faktor.[464] Die Kerndimensionen, wie sie die OECD beschreibt, sind deshalb für einen gesundheitsökonomischen Vergleich ganzer Gesundheitssysteme nicht ausreichend.[465] Vielmehr müssen die übrigen Dimensionen der Leistung eines Gesundheitssystems, die die OECD verwendet, für einen Vergleich hinzugezogen werden (Zugänglichkeit, Kosten, Effizienz und Gerechtigkeit). Dies entspräche in etwa der Einteilung der WHO, die einige Dimensionen allerdings anders umschreibt. Zusätzlich werden die Kosten separat von der Effizienz berücksichtigt.

Auch der Commonwealth Fund beschreibt die Qualität von Gesundheitsversorgung in vier Dimensionen: „High-quality care is defined in the Commission's National Scorecard as care that is effective, safe, coordinated, and patient-centered."[466] Die Qualität selbst wird als Dimension der Leistung eines Gesundheitssystems beschrieben: „The five dimensions of high performance identified in the Commission's National Scorecard are: quality, access, efficiency, equity, and long, healthy, and productive lives."[467] Nachfolgende Abbildung gibt einen Überblick.

---

[463] Organisation for Economic Co-operation and Development (2006), S. 16.
[464] Vgl. Kersting, W. (2000).
[465] Ökonomische und Gerechtigkeitsüberlegungen werden nur indirekt tangiert. So wirken sich die Effektivität und Sicherheit beispielsweise durch weniger Komplikationen auf die Kosten aus, eine direkte Betrachtung der Ausgaben oder der Effizienz findet allerdings nicht statt.
[466] The Commonwealth Fund (2010), S. 5.
[467] The Commonwealth Fund (2010), S. 2.

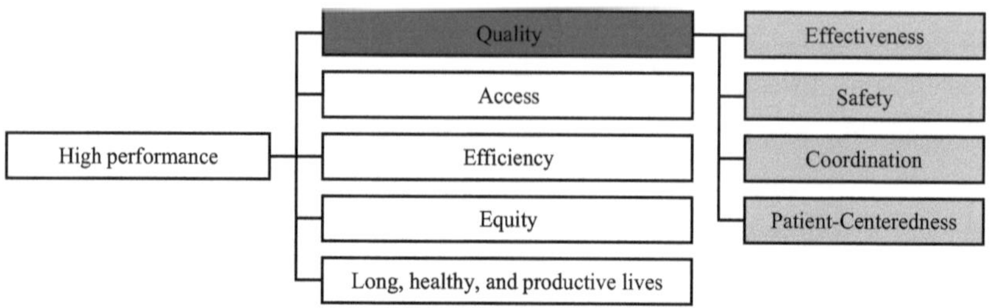

Commonwealth Fund: Dimensionen der Leistung und der Qualität[468]

Wie die OECD verwendet der Commonwealth Fund bei der Beschreibung von Qualität die Dimensionen Effektivität, Sicherheit und Patientenorientierung. Zusätzlich wird die Koordination als Element der Qualität aufgeführt. Die Koordination der Versorgung hilft dabei eine angemessenen Behandlung und Verlaufskontrolle zu gewährleisten, das Risiko von Behandlungsversagen zu minimieren und Komplikationen zu vermeiden.[469] Das ändert allerdings nichts daran, dass die Kerndimensionen der Qualität – wie bei der OECD – ökonomische und Gerechtigkeitsüberlegungen außen vor lassen bzw. nur indirekt tangieren. Um den Erfordernissen eines gesundheitsökonomischen Vergleichs verschiedener Systeme zu genügen, müssen auch hier die restlichen Dimensionen der Leistung von Gesundheitsversorgung herangezogen werden. Vier der fünf Dimensionen gleichen den Elementen der OECD. Anstelle der Kosten wird die Dimension langes, gesundes und produktives Leben verwendet. Damit wird das Ziel von Gesundheitssystemen gewürdigt und dem Ergebnis des Versorgung mehr Gewicht verliehen.[470]

Die Definitionen der WHO, der OECD und des Commonwealth Fund bestehen jeweils aus einem Bündel von Dimensionen. Bei der OECD und dem Commonwealth Fund ist die Qualität selbst ein Element der Leistung von Gesundheitsversorgung. Einige anderen Elemente der Leistungsfähigkeit entsprechen Dimensionen der Qualität nach der Einordnung der WHO. Folgende Tabelle gibt einen Überblick über die unterschiedliche Einordnung der Dimensionen. „X^{Q}" ent-

468 Quelle: Eigene Darstellung in Anlehnung an The Commonwealth Fund (2010), S. 2-5.
469 Vgl. The Commonwealth Fund (2008), S. 22.
470 Vgl. The Commonwealth Fund (2010), S. 16.

spricht der Zuordnung der Dimension zur Qualität und „X^L" enspricht der Zuordnung zur Leistungsfähigkeit.

	Organisationen		
Dimensionen der Qualität	WHO	OECD	Commonwealth Fund
Effektivität	X^Q	X^Q	X^Q
Effizienz	X^Q	X^L	X^L
Zugänglichkeit	X^Q	X^L	X^L
Patientenorientierung	X^Q	X^Q	X^Q
Gerechtigkeit	X^Q	X^L	X^L
Sicherheit	X^Q	X^Q	X^Q
Koordination			X^Q
Kosten		X^L	
Langens, gesundes, produktives Leben			X^L

Dimensionen der Leistung und der Qualität[471]

[471] Quelle: Eigene Darstellung in Anlehnung an World Health Organization (2006), S. 9-10; Organisation for Economic Co-operation and Development (2006), S. 15; The Commonwealth Fund (2010), S. 2-5.

Anhang 2: Suchquellen

Bei den Ausführungen werden aus der Vielzahl von Funktionen und Restriktionen bei der Nutzung der Quellen insbesondere jene Merkmale berücksichtigt, die für die Recherche von Bedeutung waren.

Kataloge

Es liegt nahe, den Bestand der lokal verfügbaren gedruckten wissenschaftlichen Literatur in die Recherche einzubeziehen.[472] Bei dieser Arbeit sind dies die Kataloge der Universitätsbibliothek Erlangen-Nürnberg[473], der Hochschulbibliothek der Georg-Simon-Ohm Hochschule Nürnberg[474] und Regensburger Katalog, der u. a. den Bestand der Universitätsbibliothek Regensburg und der Hochschulbibliothek Regensburg einschließt.[475] Die Suche in diesen Beständen ist größtenteils elektronisch über einen Online Public Access Catalogue (OPAC)[476] möglich. Für Altbestände existieren Zettelkataloge. Bei der Suche in Bibliothekskatalogen muss allerdings berücksichtigt werden, dass sie für eine sachliche Recherche meist nur über eine unzureichende, zumindest aber heterogene Inhaltserschließung verfügen, dass unselbstständige Literatur in der Regel nicht nachgewiesen wird und dass bestimmte Arten der Information bzw. Medientypen nicht oder nur spärlich erfasst werden.[477] „Soll also eine Recherche stattfinden, die auch die hochspezielle Aufsatzliteratur mit einbezieht, die alle Arten von Informationstypen berücksichtigt und die – unabhängig vom lokal verfügbaren Bestand – eine größtmögliche Vollständigkeit anstrebt, dann müssen sich weitere Rechercheschritte auf jeden Fall anschließen."[478]

---

472 Vgl. Gantert, K. (2010), S. 30.

473 Informationen zur Universitätsbibliothek Erlangen-Nürnberg abrufbar unter http://www.ub.uni-erlangen.de/ [Stand: 26.09.2010].

474 Informationen zur Hochschulbibliothek der Georg-Simon-Ohm Hochschule Nürnberg abrufbar unter http://www.ohm-hochschule.de/institutionen/bibliothek/page.html [Stand: 26.09.2010].

475 Informationen zu den am Regensburger Katalog beteiligten Bibliotheken abrufbar unter http://www.bibliothek.uni-regensburg.de/katalog/bibliotheken.htm [Stand: 23.09.2010]. Vom Regensburger Katalog zu unterscheiden ist der Regensburger Bibliotheksverbund, der keinen eigenen Verbundkatalog unterhält.

476 Vgl. Wilson, K. (2006), S. 109-124; Wolf, C. E. (2006), S. 29-41; Gantert, K. (2010), S. 29-31; Gantert, K. (2010), S. 35-38.

477 Vgl. Gantert, K. (2010), S. 29-31.

478 Gantert, K. (2010), S. 31.

Um die Suche zu erweitern, kann auf Verbundkataloge zurückgegriffen werden. Diese weisen in der Regel wesentlich mehr Medien nach als einzelne Bibliothekskataloge und berücksichtigen in nennenswertem Umfang auch unselbstständige Literatur.[479] Für die Recherche wurde auf den Bibliotheksverbund Bayern[480] zurückgegriffen. Dieser unterhält neben einem Verbundkatalog auch eine Aufsatzdatenbank.[481] Der Verbundkatalog setzt sich zusammen aus dem vollständigen Datenbestand der ZDB[482] und der Verbunddatenbank des Kooperativen Bibliotheksverbundes Berlin-Brandenburg und des Bibliotheksverbundes Bayern. Die Aufsatzdatenbank ist eine internationale Bibliographie von wissenschaftlichen Zeitschriftenaufsätzen. Für die Suche stellt der Bibliotheksverbund Bayern den Gateway Bayern mit einem OPAC zur Verfügung. Ebenso kann der lokale OPAC einer Bibliothek im Verbund genutzt werden. Medien können per Fernleihe innerhalb des Verbundes bestellt werden. Außerdem kann nach der Anmeldung mit dem Zugang einer Bibliothek des Verbundes mit Hilfe des Linksolvers[483] Ex Libris SFX[484] auf Volltexte zurückgegriffen werden, für die diese Bibliothek eine Lizenz besitzt. Die Suche im Verbundkatalog und in der Aufsatzdatenbank sowie die Suche und Weiterleitung zu Volltexten mittels SFX wurde stets nach Anmeldung mit einem Zugang der Universitätsbibliothek Erlangen-Nürnberg Bibliothek durchgeführt, um die bestehende Campus-Berechtigung zu nutzen.

Auch der WorldCat[485] wurde in die Recherche einbezogen. Er erlaubt die Suche in Beständen von Bibliotheken, die sich dem Online Computer Library Center (OCLC)[486] bedienen bzw. diesem angehören, in mehr als 100 Ländern.[487] Dieser größte Verbundkatalog weltweit weist Bestände von über 10.000 Bibliotheken nach und enthält rund 140 Millionen Titeldaten mit mehr als 1,4 Milliarden Be-

[479] Vgl. Gantert, K. (2010), S. 38-39.
[480] Informationen zum Bibliotheksverbund Bayern abrufbar unter http://www.bib-bvb.de [Stand: 26.09.2010].
[481] Vgl. Gantert, K. (2010), S. 39.
[482] Vgl. Gantert, K. (2010), S. 273.
[483] Für weitere Informationen zu Verfügbarkeitsrecherchen mittels eines Linksolvers vgl. Gantert, K. (2010), S. 50-51.
[484] Vgl. Keller, A. (2005), S. 63-64; Tedd, L. A., Large, A. (2005), S.113-114.
[485] Informationen zum WorldCat abrufbar unter http://www.worldcat.org/whatis/default.jsp [Stand: 26.09.2010].
[486] Vgl. Rösch, H. (2008), S. 75-79.
[487] Vgl. Rösch, H. (2008), S. 75-76.

sitznachweisen.[488] Nach der Angabe eines Ortes kann per Umkreissuche die nächstgelegene Bibliothek gefunden werden, die das gesuchte Medium besitzt.[489] Werden bei der Suche passende Zitate in Texten gefunden, ist die Weiterleitung zu Volltexten möglich. Einige elektronische Daten und Texte, auf die WorldCat bei einer Suche verweist, sind nur mit einem gültigen Konto bei der Bibliothek, die über diese Inhalte verfügt, einsehbar. Auch die Ergebnisse der Suche mit OAIster[490], einer Suchmaschine, die Metadaten auf Dokumentenservern durchsucht, werden bei WordCat berücksichtigt. Zudem kann auf die Datenbank Medical Literature Analysis and Retrieval System Online (MEDLINE) zugegriffen werden. Bei der Suche mit WorldCat muss beachtet werden, dass „die inhaltliche Erschließung aufgrund der in den verschiedenen Ländern verwendeten Regelwerke noch heterogener ist als in den deutschen Bibliotheks- und Verbundkatalogen."[491]

Die alleinige Nutzung von lokalen Bibliothekskatalogen und Verbundkatalogen bringt allerdings einige Probleme mit sich:

- Der Schwerpunkt liegt auf Bücher und Zeitschriften, andere Medien bleiben nahezu unberücksichtigt,
- nachweisbare Titel zu einem Sachgebiet beschränken sich auf den Bestand berücksichtigter Bibliotheken,
- die sachliche Erschließung ist nicht einheitlich und unvollständig und
- unselbstständige Literatur wird meist nur ungenügend erfasst.[492]

Deshalb muss die Suche auf andere Quellen ausgeweitet werden.

Bibliographien

Bibliographien zu einem bestimmten Fachgebiet bzw. Thema, Medium oder einer bestimmten Region sind in der Regel bestandsunabhängig, d. h. sie verzeichnen die relevante Literatur möglichst vollständig. Außer in Nationalbibliographien,

---

488 Vgl. Gantert, K. (2010), S. 40.
489 Vgl. Gantert, K. (2010), S. 40.
490 Informationen zu OAIster abrufbar unter http://www.oclc.org/oaister [Stand: 26.09.2010].
491 Vgl. Gantert, K. (2010), S. 40.
492 Vgl. Gantert, K. (2010), S. 44.

wird dabei meist auch unselbstständige Literatur berücksichtigt. Zudem sind Bibliographien im Vergleich zu Katalogen auf hohem Niveau erschlossen. Damit fällt das Verhältnis von Recall und Precision meist günstiger aus. Allerdings muss nach der Suche in einer Bibliographie eine Verfügbarkeitsrecherche durchgeführt werden, um die relevante Literatur auch nutzen zu können. Wie bereits erwähnt, kann dafür ein Linksolver verwendet werden. Dieser verweist beispielsweise auf elektronische Volltexte, die Suche im Katalog eines lokalen OPACs, den regionalen Verbundkatalog, Buchhandelsverzeichnisse, Dokumentenlieferdienste oder Abfragesuchmaschinen im Internet.[493]

Neben der Aufsatzdatenbank des Bibliotheksverbund Bayern, eine internationale Bibliographie wissenschaftlicher Zeitschriftenaufsätze, die, wie bereits erwähnt, der Recherche diente, wurde die Deutsche Nationalbibliothek[494] in die Suche eingeschlossen. Für die Suche nach einer geeigneten Fachbibliographie wurde zum einen in der einschlägigen Literatur, und zum anderen im Gesamtbestand des Datenbank-Infosystems (DBIS)[495] recherchiert. Dabei stellte sich heraus, dass diese entweder nicht aktuell sind oder den relevanten Themenbereich nicht abdecken. Fachbibliotheken, die zumindest einen Teil des Untersuchungsgebietes abdecken, sind in anderen Suchquellen bereits enthalten. So ist beispielsweise die Recherche in der MEDLINE-Datenbank mit Hilfe des WorldCats möglich.

Die Deutsche Nationalbibliothek erfasst seit 1913 alle in der Bundesrepublik erscheinenden Druckwerke und weist diese in der Deutschen Nationalbibliographie nach. Seit 2006 werden auch Internetpublikationen in die Sammlung aufgenommen. Es stehen zehn Millionen Datensätze zur Verfügung, die nach zahlreichen Kriterien durchsucht werden können.[496]

Volltextdatenbanken

Einen direkten Zugriff auf Volltexte und damit eine hervorragende Recherchemöglichkeit bieten Volltextdatenbanken.[497] Für die Recherche wurde auf die Voll-

493 Vgl. Gantert, K. (2010), S. 49-51.
494 Informationen zur Deutschen Nationalbibliothek abrufbar unter [Stand: 29.09.2010].
495 Vgl. Schwartz, D. (2006), S. 10-11; Gantert, K. (2010), S. 22-27.
496 Vgl. Gantert, K. (2010), S. 52.
497 Vgl. Gantert, K. (2010), S. 101-102.

textdatenbank Springerlink des Verlags Springer Science+Business Media S.A. zurückgegriffen. Diese ermöglicht die Volltextsuche in Zeitschriften und Büchern.[498] Springerlink ermöglicht es, die Suche in wissenschaftlichen Titeln mit Hilfe zahlreicher Suchkriterien zu optimieren und stellt die Texte im PDF-Format zur Verfügung.

Digitale Universalbibliotheken

Die digitale Universalbibliothek Google Bücher[499] ermöglicht durch die Bereitstellung elektronischer Fassung und die nachträgliche Digitalisierung von Büchern neben der Suche nach Werken auch das Durchsuchen der Volltexte von Büchern und damit ein leistungsstarkes Instrument der Recherche. „Noch nie konnte eine einzelne Bibliothek einen solchen Datenpool für eine Stichwortsuche anbieten."[500] Allerdings werden wegen des Urheberrechts nicht alle Bücher auch im Volltext angezeigt.[501] Für einen Teil der Bücher gibt keine oder nur eine eingeschränkte Vorschau. Wählt man einen Titel aus, schlägt Google Bücher ähnliche Literatur vor. Außerdem kann über einen Hyperlink zum WorldCat eine Bibliothek gesucht werden, die einen ausgewählten Titel besitzt.

Suchmaschinen im Internet

Für die formale Literaturrecherche sind auch einige Suchmaschinen im Internet geeignet. Um die Relevanz und Qualität der Suchergebnisse zu erhöhen, kann auf wissenschaftliche Suchmaschinen zurückgegriffen werden.[502] In diesem Fall wurde die Suchmaschinen Google Scholar[503] genutzt. Google Scholar durchsucht Server mit wissenschaftlichem Inhalt. Neben der direkten Suche nach Publikationen wie Bücher, Fachzeitschriften und Volltexte wird auch die in einem Beitrag zitierte Literatur durchsucht. Nach dem Prinzip eines Citation Index erstellt Google Scholar auf diese Weise auch Listen mit Werken, die den Inhalt der Suche, z. B. ein bestimmtes Buch, zitieren. Die Zahl der Zitate auf einen gefundenen Ti-

498 Vgl. Schwartz, D. (2006), S. 24.
499 Informationen zu Google abrufbar unter http://books.google.de/intl/de/googlebooks/about.html [Stand: 26.09.2010].
500 Gantert, K. (2010), S. 222.
501 Vgl. Gantert, K. (2010), S. 218-220.
502 Vgl. Gantert, K. (2010). S. 115.
503 Informationen zu Google Scholar abrufbar unter http://scholar.google.de/intl/de/scholar/about.html [Stand: 26.09.2010].

tel ist entscheidend für dessen Relevanz bzw. Platz im Ranking.[504] Nicht alle Ergebnisse stehen im Volltext zur Verfügung. Allerdings bietet Google Scholar verschiedene Hyperlinks zur Anschlussrecherche an.

Für die informelle Suche wurde mit Google[505] auch eine allgemeine indexbasierte Abfragesuchmaschine für Webinhalte zur Recherche herangezogen. Die Suchmaschine ermöglicht es, den von Google indexierten Teil des Webs zu durchsuchen und listet die Suchergebnisse mit Hilfe eines komplexen Sortieralgorithmus nach Relevanz. Außerdem können zahlreiche Suchkriterien verwendet werden, um die Suche bzw. die anschließende Auswertung effizienter zu gestalten. Die Suche beschränkt sich nicht nur auf wissenschaftliche Publikationen. Ergebnisse beinhalten den Titel, eine Zusammenfassung bzw. einen Auszug und den Hyperlink. Die Entscheidung, Google zu verwenden, wurde getroffen, weil Google über den umfangreichsten Index aller indexbasierten Suchmaschinen verfügt.[506]

Metasuchmaschinen hingegen arbeiten nicht mit eigenen Indizes. Stattdessen werden Suchanfragen an andere Suchmaschinen weitergeleitet und deren Ergebnisse nach der Bereinigung von Dubletten und der Neubewertung der Relevanz gelistet.[507] Auf diese Weise können die Indizes mehrerer Suchmaschinen genutzt und größere Teile des Webs durchsucht werden. Für die informelle Recherche wurde die Metasuchmaschine Metger^2 verwendet.

Zeitschriftenverzeichnisse

Wichtig für die Aktualität, Vollständigkeit und die Berücksichtigung wissenschaftlicher Spezialliteratur bei einer Literaturrecherche ist die Suche nach Zeitschriftenliteratur. Mit der Suche in der ZDB ist die Recherche in der weltweit größten Datenbank für Titel- und Besitznachweise von Zeitschriften und anderen fortlaufenden Sammelwerken möglich. Dieses Zeitschriftenverzeichnis, das Zeitschriften und andere fortlaufende Sammelwerke in gedruckter und elektronischer Form berücksichtigt, wurde für die informelle Recherche herangezogen. Neben

504 Vgl. Vgl. Gantert, K. (2010). S. 116.
505 Informationen zu Google abrufbar unter http://www.google.de/intl/de/about.html [Stand: 26.09.2010].
506 Vgl. Gantert, K. (2010), S. 111.
507 Vgl. Gantert, K. (2010). S. 113.

einer großen Auswahl an Suchkriterien ermöglicht die ZDB eine Verfügbarkeitsrecherche und je nach Lizenzierung die Volltextanzeige von Online-Zeitschriften.[508]

Webauftritte relevanter Organisationen

Neben der formalen Suche nach Büchern, Zeitschriften, elektronischen Inhalten etc. in Katalogen von Bibliotheken und Verbunden und der informellen Recherche mittels Onlinesuchmaschinen, kann eine weitere Möglichkeit der informellen Suche genutzt werden: Es ist sinnvoll, gezielt auf Webseiten von Institutionen zu suchen, von denen bekannt ist, dass sie sich mit dem relevanten Themenbereich beschäftigen. Im Fall dieser Arbeit war dies die Beratungsstelle für angewandte Systemforschung, EuroStat, das Fraser Institute, das Fritz Beske Institut, die OECD und die WHO. Diese Organisationen veröffentlichen mit Hilfe ihres Internetauftrittes eigene Studien, Arbeitspapiere und andere Dokumente.

[508] Vgl. Gantert, K. (2010), S. 85-87.

Anhang 3: Zusammenstellung der Suchanfrage

Kataloge

Für die Suche im Katalog der Universitätsbibliothek Erlangen-Nürnberg wurde zunächst im Index recherchiert, um geeignete Register für die Schlagwortsuche zu finden. Für eine breite Literaturbasis konnten die Schlagworte „Gesundheitswesen" für die gleichnamige erste Suchkomponente und das Schlagwort „Internationaler Vergleich" für die ebenfalls gleichnamige zweite Suchkomponente ausgemacht werden. Im Anschluss an die Schlagwortsuche mit diesen Indizes wurde auch eine Suche in den Titelwörtern durchgeführt. Hierfür konnte auf die Standardsuchanfrage zurückgegriffen werden. Die beiden Suchkomponenten wurden jeweils ohne Klammern in ein Suchfeld eingetragen und diese mit dem Verknüpfungsfeld „und" (das entspricht dem Operator „AND") verbunden. Der OPACplus setzt auf diese Weise automatisch Klammern um die Suchkomponenten und führt die Suche korrekt durch. Zur Titelsuche wurden die Suchfelder mit dem Attribut „Titel(wörter)" belegt. Ergänzend wurde eine Stichwortsuche in den Inhaltsangaben mit dem Attribut „Inhaltsangabe Stichwort" unternommen. Dazu wurde zunächst wieder die Standardsuchanfrage genutzt. Diese ergab zwar 583 Treffer, eine erste Sichtung zeigte allerdings, dass der Großteil dieser Ergebnisse für diese Recherche nicht relevant ist. Deshalb wurde nachträglich eine auf der Standardanfrage basierende, konkretisierte und auf besonders relevante Bestandteile reduzierte Anfrage verwendet, die für die Titelsuche im Gateway Bayern konzipiert wurde. Auf eine Limitierung der Sprache wurde bewusst verzichtet, da nur ein Teil des Bestandes mit Sprach-Codes versehen ist.

Auch für eine geeignete Suchanfrage im Katalog der Hochschulbibliothek Georg-Simon-Ohm Hochschule Nürnberg wurde der Index gesichtet. Die Recherche ergab, dass sich das Register „Gesundheitsökonomie" als zusätzliches Schlagwort für die erste Suchkomponente eignet. Neben dieser erweiterten Schlagwortsuche wurden eine Titelsuche und eine Suche in Abstracts durchgeführt. Dafür eignete sich die Standardsuchanfrage, die wie bei der Suche im Katalog der Universitätsbibliothek Erlangen-Nürnberg eingegeben wurde. Aufgrund der geringen Treffermenge wurde auch bei diesen Suchanfragen auf die Limitierung nach Sprachen verzichtet.

Die Recherche im Regensburger Katalog bestand aus einer Schlagwortsuche und einer Titelsuche. Nach der Suche im Index konnten – wie im Katalog der Georg-Simon-Ohm Hochschule Nürnberg die Register „Gesundheitswesen“ und „Gesundheitsökonomie“ für die erste Suchkomponente und das Register „Internationaler Vergleich“ für die zweite Suchkomponente ausfindig gemacht werden. Für die Titelsuche stand wiederum die Standardsuchanfrage zur Verfügung.

Auch im Verbundkatalog und in der Aufsatzdatenbank des Bibliotheksverbundes Bayern wurde eine Schlagwortsuche mit den drei letztgenannten Registern durchgeführt. Der OPAC des Gateway Bayern beachtet bei einer Sucheingabe, wie sie bei den drei vorab genannten Katalogen durchgeführt wurde, unabhängig von der Reihenfolge der Eingabe, die AND-Verknüpfung zuerst. Deshalb musste bei der Schlagwortsuche und der anschließenden Titelsuche die Suchhistorie genutzt werden, um die richtige Reihenfolge der Suchabfrage zu generieren. Für die Titelsuche wurde zunächst die Standardsuchanfrage verwendet. Diese erzielte 2546 Treffer. Bei einer erste Sichtung dieser Ergebnisse stellte sich heraus, dass ein Großteil nicht relevant für diese Arbeit ist. Deshalb wurde eine konkretere Anfrage erstellt.

Für die Titelsuche im WorldCat mussten lediglich ein Zeichen der Standardsuchanfrage für die Maskierung von Suchbegriffen und eines für einen Booleschen Operator angepasst werden. Der WorldCat stellt kein Schlagwortregister zur Einsicht zur Verfügung. Stattdessen ist die Schlagwortsuche mit Hilfe von Stichworten möglich, die sich auch einer Trunkierung, Maskierung und Phrasensuche bedienen können. Deshalb wurde ausgehend von den relevanten Ergebnissen der Titelsuche in der Beschlagwortung recherchiert, die gefundenen geeigneten Schlagworte einer Suchkomponente zugeordnet und so eine Schlagwortsuche erstellt. Dabei fällt auf, dass die zweite Suchkomponente mit dem deutschen Schlagwort „Internationaler Vergleich“ gut abgedeckt wird, aber keine entsprechend gut passende englischen Schlagwörter zur Verfügung stehen. Die Keyword- bzw. Schlüsselwortsuche durchsucht Titel, Anmerkungen, Abstracts,

Zusammenfassungen, Beschreibungen und Schlagwörter. Die Standardsuchanfrage ergab 21.767 Treffer. Viele dieser Ergebnisse stellten sich als wenig relevant dar. Deshalb wurde auf die präzisierte Suchanfrage, die bei der Titelsuche im Gateway Bayern erstellt wurde, zurückgegriffen.

Deutsche Nationalbibliographie

Für die Schlagwortsuche in der Deutschen Nationalbibliographie steht kein einheitlicher Index zur Verfügung. Deshalb wurde sowohl für die Schlagwort- als auch für die Titelsuche die Standardsuchanfrage eingesetzt. Dazu mussten die Suchbegriffe mit Kürzeln versehen werden, die kennzeichnen, in welchem Register die Suche für die jeweiligen Suchwörter durchgeführt werden soll. Die Suche in Inhaltsverzeichnissen mit der Standardanfrage ergab 385 Treffer. Nach einer groben Durchsicht stellte sich heraus, dass kaum relevante Treffer erzielt wurden. Um den prädiktiven Wert zu erhöhen wurde die verkürzte, präzisere Anfrage eingesetzt und mit entsprechenden Kürzeln versehen.

Springerlink

Das Abfragesystem der Volltextdatenbank Springerlink unterstützt weder Maskierung noch Trunkierung von Suchbegriffen. Stattdessen erkennt es den Wortstamm eines Suchbegriffs und erweitert die Suche automatisch um Flexionsformen. Für die Suchanfrage steht nur eine begrenzte Zeichenfolge zur Verfügung. Die Standardanfrage wurde dementsprechend für eine Recherche in den Titeln und Abstracts der Literatur angepasst. Die Suche wurde in deutscher und englischer Sprache separat durchgeführt.

Google Bücher

Die Recherche mit Google Bücher ähnelt der Suche mit Google Scholar. Allerdings ist bei Google Bücher kein Drop-Down-Menü zu finden mit dem die Suche auf die Titel der Literatur beschränkt werden kann. Übernimmt man den von Google Scholar bekannten Zusatz „allintitle:“ in die Anfrage, wird eben dies realisiert. Die Titelsuche mit englischen und deutschen Suchbegriffen konnte so von der Recherche mit Google Scholar übernommen werden. Für die Suche im Volltext von Büchern eignen sich aus den gleichen Gründen, die schon bei der Beschreibung der Recherche mit Google Scholar genannt wurden, lediglich einzelne Phrasensuchanfragen.

Google Scholar

Die Zeichenfolge für Suchanfragen in Google Scholar ist begrenzt. Deshalb wurde die Titelsuche mit einer Auswahl von Begriffen der Standardsuchanfrage in deutscher und englischer Sprache getrennt voneinander durchgeführt. Die Maskierung und Trunkierung konnte dabei nicht berücksichtigt werden, da Google Scholar diese nicht unterstützt. Stattdessen wurden einige Flexionen und Komposita in die Suche aufgenommen. Auf systematische Suchanfrage, die den gesamten Inhalt der Literatur durchsucht, wurde verzichtet. Auch sehr spezielle Suchanfragen liefern tausende Treffer, die jedoch zum großen Teil nicht relevant sind.[509] Da eine Kontextsuche nicht möglich ist, machen lediglich einzelne Phrasensuchanfragen mit präzisen Begriffen Sinn.

[509] Die Suchanfrage „health care system comparison“ ergab ca. 2.440.000 Treffer (am 17.10.2010).

Anhang 4: Suchanfragen[510]

Katalog der Universitätsbibliothek Erlangen-Nürnberg			
Art der Suche	Suchanfrage	Zeitpunkt	Ergebnisse
Schlagwortsuche	Schlagwort (dt) = Gesundheitswesen AND Schlagwort (dt) = Internationaler Vergleich AND Jahr (nur Buch) >= 2000	13.10.2010	18
Suche im Titel	(Titel(wörter) = Gesundheitsdienst* OR Titel(wörter) = Gesundheitsfürsorge* OR Titel(wörter) = Gesundheitspflege* OR Titel(wörter) = Gesundheitssystem* OR Titel(wörter) = Gesundheitswesen* OR Titel(wörter) = Gesundheitsversorg* OR Titel(wörter) = "health care" OR Titel(wörter) = healthcare* OR Titel(wörter) = "health care system" OR Titel(wörter) = "health care systems" OR Titel(wörter) = "health service" OR Titel(wörter) = "health services" OR Titel(wörter) = "health system" OR Titel(wörter) = "health systems" OR Titel(wörter) = "public health" OR Titel(wörter) = "public health system" OR Titel(wörter) = "public health systems") AND (Titel(wörter) = compar* OR Titel(wörter) = "cross country" OR Titel(wörter) = "cross national" OR Titel(wörter) = gegenüber*stell* OR Titel(wörter) = "inter country" OR Titel(wörter) = internation* OR Titel(wörter) = interstate* OR Titel(wörter) = Ländervergleich* OR Titel(wörter) = supranational* OR Titel(wörter) = Systemvergleich* OR Titel(wörter) = vergl* OR Titel(wörter) = zwischenstaatlich*) AND Jahr (nur Buch) >= 2000	13.10.2010	38
Stichwortsuche in Inhaltsverzeichnis	(Titel(wörter) = Gesundheitssystem* OR Titel(wörter) = Gesundheitswesen* OR Titel(wörter) = "health care" OR Titel(wörter) = healthcare* OR Titel(wörter) = "health care system" OR Titel(wörter) = "health care systems" OR Titel(wörter) = "health service" OR Titel(wörter) = "health services" OR Titel(wörter) = "health system" OR Titel(wörter) = "health systems" OR Titel(wörter) = "public health" OR Titel(wörter) = "public health system" OR Titel(wörter) = "public health systems") AND (Inhaltsangabe Stichwort = internation* compar* OR Inhaltsangabe Stichwort = internation* vergl* OR Inhaltsangabe Stichwort = Ländervergleich* OR Inhaltsangabe Stichwort = Systemvergleich*) AND Jahr (nur Buch) >= 2000	23.10.2010	24

510 Quelle: Eigen Darstellungen.

Katalog der Hochschulbibliothek Georg-Simon-Ohm Hochschule Nürnberg			
Art der Suche	Suchanfrage	Zeitpunkt	Ergebnisse
Schlagwortsuche	(Schlagwörter = Gesundheitswesen OR Schlagwörter = Gesundheitsökonomie) AND Schlagwörter = Internationaler Vergleich AND Jahr/Zeitraum >= 2000	14.10.2010	3
Suche im Titel	(Titelwörter = Gesundheitsdienst* OR Titelwörter = Gesundheitsfürsorge* OR Titelwörter = Gesundheitspflege* OR Titelwörter = Gesundheitssystem* OR Titelwörter = Gesundheitswesen* OR Titelwörter = Gesundheitsversorg* OR Titelwörter = "health care" OR Titelwörter = healthcare* OR Titelwörter = "health care system" OR Titelwörter = "health care systems" OR Titelwörter = "health service" OR Titelwörter = "health services" OR Titelwörter = "health system" OR Titelwörter = "health systems" OR Titelwörter = "public health" OR Titelwörter = "public health system" OR Titelwörter = "public health systems") AND (Titelwörter = compar* OR Titelwörter = "cross country" OR Titelwörter = "cross national" OR Titelwörter = gegenüber*stell* OR Titelwörter = "inter country" OR Titelwörter = internation* OR Titelwörter = interstate* OR Titelwörter = Ländervergleich* OR Titelwörter = supranational* OR Titelwörter = Systemvergleich* OR Titelwörter = vergl* OR Titelwörter = zwischenstaatlich*) AND Jahr/Zeitraum >= 2000	14.10.2010	4
Stichwortsuche in Abstracts	(Abstract = Gesundheitsdienst* OR Abstract = Gesundheitsfürsorge* OR Abstract = Gesundheitspflege* OR Abstract = Gesundheitssystem* OR Abstract = Gesundheitswesen* OR Abstract = Gesundheitsversorg* OR Abstract = "health care" OR Abstract = healthcare* OR Abstract = "health care system" OR Abstract = "health care systems" OR Abstract = "health service" OR Abstract = "health services" OR Abstract = "health system" OR Abstract = "health systems" OR Abstract = "public health" OR Abstract = "public health system" OR Abstract = "public health systems") AND (Abstract = compar* OR Abstract = "cross country" OR Abstract = "cross national" OR Abstract = gegenüber*stell* OR Abstract = "inter country" OR Abstract = internation* OR Abstract = interstate* OR Abstract = Ländervergleich* OR Abstract = supranational* OR Abstract = Systemvergleich* OR Abstract = vergl* OR Abstract = zwischenstaatlich*) AND Jahr/Zeitraum >= 2000 und ähnliche	14.10.2010	0

Regensburger Katalog			
Art der Suche	Suchanfrage	Zeitpunkt	Ergebnisse
Schlagwortsuche	(Schlagwort = Gesundheitswesen OR Schlagwort = Gesundheitsökonomie) AND Schlagwort = Internationaler Vergleich AND Jahr >= 2000	14.10.2010	12
Suche im Titel	(Titel(wörter) = Gesundheitsdienst* OR Titel(wörter) = Gesundheitsfürsorge* OR Titel(wörter) = Gesundheitspflege* OR Titel(wörter) = Gesundheitssystem* OR Titel(wörter) = Gesundheitswesen* OR Titel(wörter) = Gesundheitsversorg* OR Titel(wörter) = “health care” OR Titel(wörter) = healthcare* OR Titel(wörter) = “health care system“ OR Titel(wörter) = “health care systems” OR Titel(wörter) = “health service” OR Titel(wörter) = “health services” OR Titel(wörter) = “health system” OR Titel(wörter) = “health systems” OR Titel(wörter) = “public health” OR Titel(wörter) = “public health system“ OR Titel(wörter) = “public health systems“) AND (Titel(wörter) = compar* OR Titel(wörter) = “cross country” OR Titel(wörter) = “cross national” OR Titel(wörter) = gegenüber*stell* OR Titel(wörter) = “inter country” OR Titel(wörter) = internation* OR Titel(wörter) = interstate* OR Titel(wörter) = Ländervergleich* OR Titel(wörter) = supranational* OR Titel(wörter) = Systemvergleich* OR Titel(wörter) = vergl* OR Titel(wörter) = zwischenstaatlich*) AND Jahr >= 2000	14.10.2010	36

Verbundkatalog und Aufsatzdatenbank des Bibliotheksverbundes Bayern			
Art der Suche	Suchanfrage	Zeitpunkt	Ergebnisse
Schlagwortsuche	(Schlagwort = Gesundheitswesen OR Schlagwort = Gesundheitsökonomie) AND Schlagwort = Internationaler Vergleich AND Jahr >= 2000	14.10.2010	54
Suche im Titel	(Titel(wörter) = Gesundheitssystem* OR Titel(wörter) = Gesundheitswesen* OR Titel(wörter) = “health care” OR Titel(wörter) = healthcare* OR Titel(wörter) = “health care system“ OR Titel(wörter) = “health care systems” OR Titel(wörter) = “health service” OR Titel(wörter) = “health services” OR Titel(wörter) = “health system” OR Titel(wörter) = “health systems” OR Titel(wörter) = “public health” OR Titel(wörter) = “public health system“ OR Titel(wörter) = “public health systems“) AND (Titel(wörter) = internation* compar* OR Titel(wörter) = internation* vergl* OR Titel(wörter) = Ländervergleich* OR Titel(wörter) = Systemvergleich*) AND Jahr >= 2000	14.10.2010	65

WorldCat			
Art der Suche	Suchanfrage	Zeitpunkt	Ergebnisse
Schlagwortsuche	'su:(delivery of health care OR Gesundheitsökonomie OR health services administration OR health services research OR medical care OR national health services OR public health OR public health administration OR world health OR quality of health care) (cross-cultural comparison OR cross-cultural studies OR Internationaler Vergleich)' > '2000..2010'	16.10.2010	7
Suche im Titel	'ti:(Gesundheitsdienst* OR Gesundheitsfürsorge* OR Gesundheitspflege* OR Gesundheitssystem* OR Gesundheitswesen* OR Gesundheitsversorg* OR "health care" OR healthcare* OR "health care system" OR "health care systems" OR "health service" OR "health services" OR "health system" OR "health systems" OR "public health" OR "public health system" OR "public health systems") (compar* OR "cross country" OR "cross national" OR gegenüber?stell* OR "inter country" OR internation* OR interstate* OR Ländervergleich* OR supranational* OR Systemvergleich* OR vergl* OR zwischenstaatlich*)' > '2000..2010'	15.10.2010	120
Schlüsselwort-suche	'kw:(Gesundheitssystem* OR Gesundheitswesen* OR "health care" OR healthcare* OR "health care system" OR "health care systems" OR "health service" OR "health services" OR "health system" OR "health systems" OR "public health" OR "public health system" OR "public health systems") (internation* compar* OR internation* vergl* OR Ländervergleich* OR Systemvergleich*)' > '2000..2010'	16.10.2010	97

Deutsche Nationalbibliographie			
Art der Suche	Suchanfrage	Zeitpunkt	Ergebnisse
Stichwortsuche	(sw=gesundheitsdienst OR sw=Gesundheitspflege* OR sw=Gesundheitswesen* OR sw=Gesundheitsvorsorge OR sw="health care" OR sw=healthcare* OR sw="health care system" OR sw="health care systems" OR sw="health service" OR sw="health services" OR sw="health system" OR sw="health systems" OR sw="public health" OR sw="public health system" OR sw="public health systems") AND (sw=compar* OR sw="cross country" OR sw="cross national" OR sw=gegenüber*stell* OR sw="inter country" OR sw=internation* OR sw=interstate* OR sw=Ländervergleich* OR sw=supranational* OR sw=Systemvergleich* OR sw=vergl* OR sw=zwischenstaatlich*) AND jhr=2000-2010	16.10.2010	43
Titelsuche	(tit=gesundheitsdienst OR tit=Gesundheitspflege* OR tit=Gesundheitswesen* OR tit=Gesundheitsvorsorge OR tit="health care" OR tit=healthcare* OR tit="health care system" OR tit="health care systems" OR tit="health service" OR tit="health services" OR tit="health system" OR tit="health systems" OR tit="public health" OR tit="public health system" OR tit="public health systems") AND (tit=compar* OR tit="cross country" OR tit="cross national" OR tit=gegenüber*stell* OR tit="inter country" OR tit=internation* OR tit=interstate* OR tit=Ländervergleich* OR tit=supranational* OR tit=Systemvergleich* OR tit=vergl* OR tit=zwischenstaatlich*) AND jhr=2000-2010	16.10.2010	161
Suche in Inhaltsverzeichnissen	(inh=Gesundheitssystem* OR inh=Gesundheitswesen* OR inh="health care" OR inh=healthcare* OR inh="health care system" OR inh="health care systems" OR inh="health service" OR inh="health services" OR inh="health system" OR inh="health systems" OR inh="public health" OR inh="public health system" OR inh="public health systems") AND (inh=internation* compar* OR inh=internation* vergl* OR inh=Ländervergleich* OR inh=Systemvergleich*) AND jhr=2000-2010	16.10.2010	43

Springerlink			
Art der Suche	Suchanfrage	Zeitpunkt	Ergebnisse
Suche in Titeln und Abstracts deutsch	'ab:((Gesundheitswesen or Gesundheitssystem) and (Gegenüberstellung or Vergleich or Systemvergleich))' published between '1 Jan 2000' and '18 Oct 2010'	18.10.2010	53
Suche in Titeln und Abstracts englisch	'ab:((health and care and system or healthcare and system) and (cross and national and comparison or international and comparison))' published between '1 Jan 2000' and '18 Oct 2010'	18.10.2010	26

Google Bücher			
Art der Suche	Suchanfrage	Zeitpunkt	Ergebnisse
Titelsuche deutsch	allintitle: (Gesundheitswesen OR Gesundheitswesens OR Gesundheitssystem OR Gesundheitssysteme OR Gesundheitssystemen OR Gesundheitssystems) (Gegenüberstellung OR Ländervergleich OR Systemvergleich OR Vergleich) 1. Jan 2000–17. Okt 2010	17.10.2010	26
Titelsuche englisch	allintitle: ("health care" OR healthcare OR "health care system" OR "health care systems" OR "health service" OR "health services" OR "health system" OR "health systems" OR "public health") ("international comparison" OR "cross national comparison") 1. Jan 2000–17. Okt 2010	17.10.2010	6

Google Scholar			
Art der Suche	Suchanfrage	Zeitpunkt	Ergebnisse
Titelsuche deutsch	allintitle: (Gesundheitswesen OR Gesundheitswesens OR Gesundheitssystem OR Gesundheitssysteme OR Gesundheitssystemen OR Gesundheitssystems) (Gegenüberstellung OR Ländervergleich OR Systemvergleich OR Vergleich) Seit 2000	17.10.2010	49
Titelsuche englisch	allintitle: ("health care" OR healthcare OR "health care system" OR "health care systems" OR "health service" OR "health services" OR "health system" OR "health systems" OR "public health") ("international comparison" OR "cross national comparison") Seit 2000	17.10.2010	68

ZDB			
Art der Suche	Suchanfrage	Zeitpunkt	Ergebnisse
Stichwortsuche nach Titeln	suchen [und] (TIT Gesundheitsdienst* OR TIT Gesundheitsfürsorge* OR TIT Gesundheitspflege* OR TIT Gesund-heitssystem* OR TIT Gesundheitswesen* OR TIT Ge-sundheitsversorg* OR TIT "health care" OR TIT healthcare* OR TIT "health care system" OR TIT "health care systems" OR TIT "health service" OR TIT "health services" OR TIT "health sys-tem" OR TIT "health systems" OR TIT "public health" OR TIT "public health system" OR TIT "public health systems") (TIT compar* OR TIT "cross country" OR TIT "cross national" OR TIT gegenüber*stell* OR TIT "inter country" OR TIT inter-nation* OR TIT interstate* OR TIT Ländervergleich* OR TIT supranational* OR TIT Systemvergleich* OR TIT vergl* OR TIT zwischenstaatlich*)	16.10.2010	272 davon 63 ab dem Jahr 2000
Allgemeine Stichwortsuche	suchen [und] (STW Gesundheitsdienst* OR STW Gesundheitsfürsorge* OR STW Gesundheitspflege* OR STW Ge-sundheitssystem* OR STW Gesundheitswesen* OR STW Gesundheitsversorg* OR STW "health care" OR STW healthcare* OR STW "health care system" OR STW "health care systems" OR STW "health service" OR STW "health services" OR STW "health system" OR STW "health systems" OR STW "pub-lic health" OR STW "public health system" OR STW "public health systems") (STW compar* OR STW "cross country" OR STW "cross nation-al" OR STW gegenüber*stell* OR STW "inter country" OR STW internation* OR STW interstate* OR STW Ländervergleich* OR STW supranational* OR STW Systemvergleich* OR STW vergl* OR STW zwischenstaatlich*)	16.10.2010	297 davon 68 ab dem Jahr 2000

Anhang 5: Klassifikation der Indikatoren[511]

Bereiche (13) und Indikatoren (130)	Publikationen								
Ausgaben und Finanzierung (17)	**WHO**	**Fritz Beske Institut**	**Schölkopf**	**Domenighetti, Quaglia**	**Pommer, van der Torre, Kuhry**	**Fraser Institute**	**Wendt**	**Koch, Schürmann, Sawicki**	**Habl, Bachner**
Pro-Kopf-Ausgaben für Gesundheit	X^{t}	X, X^{k}	X^{k}	X^{k}	X		X^{c}		X
Anteil der Gesundheitsausgaben am BIP		X	X		X	X, X^{a}			X
Art der Finanzierung						X			
Anteil der öffentlichen Finanzierung							X		X
Steuerfinanzierungsanteil		X							
Existenz von Privatmärkten						X			
Anteil der Ausgaben für den stationären Sektor an Gesamtausgaben			X		X				X
Anteil der Ausgaben für den stationären Sektor am BIP			X						
Anteil der Ausgaben für den ambulanten Sektor an Gesamtausgaben			X		X				X
Anteil der Ausgaben für den ambulanten Sektor am BIP			X						
Anteil der Ausgaben für Arzneimittelversorgung an Gesamtausgaben			X		X				X
Verfahren zur ökonomischen Bewertung im Arzneimittelbereich			X						
Anteil der Ausgaben für Langzeitpflege an den Gesamtausgaben									X
Anteil der Ausgaben für öffentliche Gesundheit und Administration an den Gesamtausgaben									X
Anteil sonstiger Ausgaben an den Gesamtausgaben					X				X
Kosten je Verweiltag in stationären Einrichtungen					X				
Krankenhausausgaben je Fall			X^{k}						

511 Quelle: Eigene Darstellung in Anlehnung an World Health Organization (2000); Fritz Beske Institut für Gesundheits-System-Forschung (2004a); Schölkopf, M. (2010); Domenighetti, G., Quaglia, J. (2001); Social and Cultural Planning Office (2004); Fraser Institute (2008); Wendt, C. (2009b); Koch, K., Schürmann, C., Sawicki, P. (2010); Habl, C., Bachner, F. (2010).

Versorgungs- und Personalstruktur (20)	WHO	Fritz Beske Institut	Schölkopf	Domenighetti, Quaglia	Pommer, van der Torre, Kuhry	Fraser Institute	Wendt	Koch, Schür-mann, Sawicki	Habl, Bachner
Dichte der Akutbetten			X						
Bettendichte im stationären Sektor		X			X				X
Bettendichte für Langzeitpflege					X				
Bettendichte in Alten- und Pflegeheimen					X				
Dichte diverser medizinischer Großgeräte									X
Dichte diverser medizinischer Großgeräte altersangepasst						X			
Dichte der Abgabestellen für verschreibungspflichtige Medikamente									X
Vollzeitäquivalente der im Gesundheitswesen Tätigen relativ zur Bevölkerung					X				
Ärztedichte		X	X		X	X[3]	X		X
Allgemeinarztdichte					X		X		
Facharztdichte		X							
Zahnarztdichte		X							
Pflegepersonaldichte		X					X		X
Pflegepersonaldichte in Vollzeitäquivalenten					X				
Personal je Krankenhausbett			X						
Pflegepersonal je Krankenhausbett									X
Dichte an Pharmazeuthen							X		
Index: Personaldichte im stationären Sektor							X		
Index: Personaldichte im ambulanten Sektor							X		
Arbeitszeit von Allgemein- und Fachärzten			X						

Outcomegrößen (20)	WHO	Fritz Beske Institut	Schölkopf	Domenighetti, Quaglia	Pommer, van der Torre, Kuhry	Fraser Institute	Wendt	Koch, Schürmann, Sawicki	Habl, Bachner
Lebenserwartung bei Geburt		X			X				X
Fernere Lebenserwartung		X							
Invaliditätsbereinigte Lebenserwartung	X				X	X			X
Anteil der invaliditätsbereinigten Lebenserwartung an der unbereinigten Lebenserwartung					X	X			
Differenz zwischen Lebenserwartung und invaliditätsbereinigter Lebenserwartung					X	X			
Verlorene potentielle Lebensjahre						X[a]			
Perinatale Sterblichkeit				X		X			
Säuglingssterblichkeit		X			X	X			X
Müttersterblichkeit		X		X					
Mortalitätsraten einer oder verschiedener Krankheiten		X				X[a]			X
Durch medizinische Intervention vermeidbare Sterblichkeit				X					
Mortalitätsraten, die in besonderem Maße von der Gesundheitsversorgung abhängen						X[a]			
Inzidenz und Mortalität bzw. Letalität verschiedener Krankheiten						X[a]			
Fünf-Jahre-Überlebensrate bei Krebserkrankungen									X
Sterblichkeit nach Einlieferung in ein Krankenhaus mit der Primärdiagnose „ischämischer Schlaganfall" nach 30 Tagen									X
DMFT-Index: durchschnittliche Anzahl kariöser, fehlender oder sanierter Zähne im bleibenden Gebiss von Zwölfjährigen									X
Anteil Übergewichtiger an der Bevölkerung									X
Anteil Fettleibiger an der Bevölkerung									X
Index: Leistungsfähigkeit, Zielerreichung, Effektivität, Gesundheitszustand	X				X[b]	X[a]			
Einschätzung des Gesundheitszustands					X			X	X

Leistungsinanspruchnahme (12)	WHO	Fritz Beske Institut	Schölkopf	Domenighetti, Quaglia	Pommer, van der Torre, Kuhry	Fraser Institute	Wendt	Koch, Schür-mann, Sawicki	Habl, Bachner
Arztkontakte		X			X				
Haus- und Facharztkontakte je Einwohner			X						
Patientenkontakte pro Woche			X						
Zeit pro Patientenkontakt			X						
Rate an Krankenhauszugängen			X		X				X
Rate an Zugängen im Bereich der nicht-akuten Versorgung					X				
Krankenhausverweildauer		X	X						X
Im Krankenhaus verbrachte Zeit pro Kopf					X				
In stationärer, nicht-akuten Versorgung verbrachte Zeit pro Kopf					X				
Krankenhausbettenauslastung		X							
Anzahl der Ärzte, die einen Patienten behandeln								X	
Anzahl der Arzneimittel, die Patienten einnehmen								X	
Selbstzahlungen (10)	**WHO**	**Fritz Beske Institut**	**Schölkopf**	**Domenighetti, Quaglia**	**Pommer, van der Torre, Kuhry**	**Fraser Institute**	**Wendt**	**Koch, Schür-mann, Sawicki**	**Habl, Bachner**
Existenz von Zuzahlungen im stationären Bereich						X			
Existenz von Zuzahlungen bei Allgemein-ärzten						X			
Existenz von Zuzahlungen bei Fachärzten						X			
Existenz von Zuzahlungen bei der Arzneimittelversorgung						X			
Zuzahlungen im stationären Bereich			X						
Zuzahlungen im ambulanten Bereich			X						
Zuzahlungen bei der Arzneimittelversorgung			X						
Anteil privater Zahlungen an Gesamtaus-gaben					X		X		X
Höhe von Zuzahlungen pro Patient								X	
Einschätzung der finanziellen Leistbarkeit von Pflegeheimen									X

Restriktionen (8)	WHO	Fritz Beske Institut	Schölkopf	Domenighetti, Quaglia	Pommern, van der Torre, Kuhry	Fraser Institute	Wendt	Koch, Schür-mann, Sawicki	Habl, Bachner
Freie Wahl der Leistungserbringer	X?								
Freiheit der Arztwahl im stationären Bereich			X						
Freiheit der Arztwahl im ambulanten Bereich			X						
Existenz eines Gatekeepers							X		
Existenz von Restriktionen beim Zugang zur fachärztlichen Versorgung							X		
Einschätzung des Zugang zu stationäre Versorgung									X
Einschätzung des Zugang zu ambulanten Versorgung									X
Index: Regulierung des Zugangs zu Leistungserbringern							X		
Wartezeiten (12)	**WHO**	**Fritz Beske Institut**	**Schölkopf**	**Domenighetti, Quaglia**	**Pommer, van der Torre, Kuhry**	**Fraser Institute**	**Wendt**	**Koch, Schür-mann, Sawicki**	**Habl, Bachner**
Unverzügliche Reaktion bei Notfällen, ansonsten akzeptable Wartezeiten	X?								
Wartezeiten für nicht akute Versorgung					X				
Wartezeit für nichtdringliche Operationen in den vergangenen beiden Jahren						X			
Existenz von Wartelisten für nicht-akute Krankenhausversorgung					X				
Existenz von Wartezeiten		X							
Wartezeiten						X			
Wartezeit im Bereich stationärer Versorgung			X						
Wartezeit auf Hausarzttermin								X	
Wartezeit auf Facharzttermin								X	
Wartezeit auf einen Arzttermin bei Krankheit oder Notwendigkeit medizinischer Versorgung						X			
Wartezeit in der Notaufnahme						X			
Index: Zufriedenheit mit Wartezeiten		X							

Zufriedenheit (6)	WHO	Fritz Beske Institut	Schölkopf	Domenighetti, Quaglia	Pommer, van der Torre, Kuhry	Fraser Institute	Wendt	Koch, Schürmann, Sawicki	Habl, Bachner
Zufriedenheit		X		X	X				
Vertrauen der Bevölkerung					X				
Änderungsbedarf im Gesundheitswesen						X		X	
Beurteilung der Versorgungsqualität								X	
Einschätzung der Qualität des Gesundheitssystems									X
Bevölkerungsanteil mit unerfüllten Behandlungsbedürfnissen									X
Patientenorientierung (8)	**WHO**	**Fritz Beske Institut**	**Schölkopf**	**Domenighetti, Quaglia**	**Pommer, van der Torre, Kuhry**	**Fraser Institute**	**Wendt**	**Koch, Schürmann, Sawicki**	**Habl, Bachner**
Respekt vor der Würde einer Person	X?								
Diskretion in Bezug auf den Zugang zu persönlichen Informationen	X?								
Autonomie in Bezug auf die Teilhabe an Entscheidungen	X?								
Annehmlichkeiten, z. B. in Bezug auf Verpflegung, Raumangebot, Sauberkeit	X?								
Zugang zu sozialen Netzwerken, z. B. Besuchsmöglichkeiten bei einem Krankenhausaufenthalt	X?								
Information von und Kommunikation mit behandelndem Arzt								X	
Informiertheit von Fachärzten über Krankheitsgeschichte								X	
Index: Patientensouveränität	X								
Sicherheit (3)	**WHO**	**Fritz Beske Institut**	**Schölkopf**	**Domenighetti, Quaglia**	**Pommer, van der Torre, Kuhry**	**Fraser Institute**	**Wendt**	**Koch, Schürmann, Sawicki**	**Habl, Bachner**
Behandlungsfehler								X	
Erfassung unerwünschter Arzneimittelwirkungen			X						
Existenz von Arzneimitteltherapierichtlinien			X						

Gerechtigkeit (2)	WHO	Fritz Beske Institut	Schöllkopf	Domenighetti, Quaglia	Pommer, van der Torre, Kuhry	Fraser Institute	Wendt	Koch, Schürmann, Sawicki	Habl, Bachner
Verteilung von Kindersterblichkeit	X								
Gleichheit der Finanzierung	X								
Effizienz (1)	**WHO**	**Fritz Beske Institut**	**Schöllkopf**	**Domenighetti, Quaglia**	**Pommer, van der Torre, Kuhry**	**Fraser Institute**	**Wendt**	**Koch, Schürmann, Sawicki**	**Habl, Bachner**
Index Effizienz	X				X				
Sonstige (11)	**WHO**	**Fritz Beske Institut**	**Schöllkopf**	**Domenighetti, Quaglia**	**Pommer, van der Torre, Kuhry**	**Fraser Institute**	**Wendt**	**Koch, Schürmann, Sawicki**	**Habl, Bachner**
Art der Zugangsberechtigung zur Gesundheitsversorgung							X		
Umfang der Krankenversicherung								X	
Existenz eines Hausarztes oder einer anderen festen Anlaufstelle								X	
Art der Entlohnung von Allgemeinärzten						X			
Art der Entlohnung von Fachärzten						X			
Hauptsächliche Trägerschaft von Krankenhäusern						X	X		
Beurteilung der Organisation in Bezug auf Zeitverschwendung								X	
Bevölkerungsanteil der über 65-Jährigen									X
Durchschnittliche Schuljahre	X[r]								
Index: Ressourceneinsatz	X								
Index: Qualität und Zugänglichkeit					X				

[a] altersbereinigt
[b] um Unterschiede bezüglich der Demographie und des Lebensstils bereinigt
[k] kaufkraftbereinigt
[p] Element des Indexes „Patientensouveränität“
[r] Element des Indexes „Ressourceneinsatz“

Schriften zur Gesundheitsökonomie

HERZ

Health Economics Research Zentrum
Buchweizenfeld 27
31303 Burgdorf
Fax: +49(0)5136/976187
email: herz@schoeffski.de

Bisher erschienen:

Band 1 *Steininger-Niederleitner, M., Sohn, S., Schöffski, O. (2003)*
Managed Care in der Schweiz und Übertragungsmöglichkeiten nach Deutschland
ISBN 3-936863-00-8, 172 S., 18 Abb., Geb. EUR 19,90

Band 2 *Esslinger, A. S. (2003)*
Qualitätsorientierte strategische Planung und Steuerung in einem sozialen Dienstleistungsunternehmen mit Hilfe der Balanced Scorecard
ISBN 3-936863-01-6, 276 S., 36 Abb., 50 Tab., Geb. EUR 29,90

Band 3 *Lindenthal, J., Sohn, S., Schöffski, O. (2004)*
Praxisnetze der nächsten Generation: Ziele, Mittelverteilung und Steuerungsmechanismen
ISBN 3-936863-02-4, 216 S., 16 Abb., 19 Tab., Geb. EUR 24,90

Band 4 *Steinbach, H., Sohn, S., Schöffski, O. (2004)*
Möglichkeiten der Kalkulation von sektorenübergreifenden Kopfpauschalen (Capitation)
ISBN 3-936863-03-2, 312 S., 22 Abb., 28 Tab., Geb. EUR 29,90

Band 5 *Glock, G., Sohn, S., Schöffski, O. (2004)*
IT-Unterstützung für den medizinischen Prozess in der integrierten Versorgung
ISBN 3-936863-04-0, 208 S., 22 Abb., Geb. EUR 24,90

Band 6 *Hagn, D., Schöffski, O. (2005)*
Orphan Drugs. A Challenge for the Pharmaceutical Industry in Europe
ISBN 3-936863-05-9, 160 S., 37 Abb., 20 Tab., Geb. EUR 19,90

Band 7 *Pelleter, J., Sohn, S., Schöffski, O. (2004)*
Medizinische Versorgungszentren. Grundlagen, Chancen und Risiken einer neuen Versorgungsform
ISBN 3-936863-06-7, 196 S., 18 Abb., Geb. EUR 24,90

Band 8 *Sohn, S. (2006)*
Integration und Effizienz im Gesundheitswesen. Instrumente und ihre Evidenz für die integrierte Versorgung
ISBN 3-936863-07-5, 288 S., 26 Abb., 28 Tab., Geb. EUR 29,90

Band 9 *Hämmerle, P., Estelmann, A., Schwandt, M., Schöffski, O. (2006)*
Moderne Verfahren der Qualitätsberichterstattung im Krankenhaus
ISBN 3-936863-08-3, 140 S., 33 Abb., Geb. EUR 19,90

Band 10 *Marschall, D. (2007)*
Positionierung einer erfolgreichen Arzneimittelmarke
ISBN 978-3-936863-09-3, 244 S., 54 Abb., 24 Tab., Geb. EUR 24,90

Band 11 *Haarländer, S., Bühner, A., Schwandt, M., Schöffski, O. (2007)*
Public Private Partnership (PPP) im Krankenhausbereich
ISBN 978-3-936863-10-9, 192 S., 32 Abb., 3 Tab., Geb. EUR 24,90

Band 12 *Schmitt-Rüth, S., Esslinger, A. S., Schöffski, O. (2007)*
Der Markt für Medizintechnik – Analyse der Entwicklungen im Wandel der Zeit
ISBN 978-3-936863-11-6, 172 S., 20 Abb., 6 Tab., Geb. EUR 19,90

Band 13 *Sauer, F. (2007)*
Erfolgsfaktoren für das marktorientierte Management patentgeschützter Arzneimittel
ISBN 978-3-936863-12-3, 388 S., 54 Abb., 29 Tab., Geb. EUR 34,90

Band 14 *Emmert, M. (2008)*
Pay for Performance (P4P) im Gesundheitswesen – Ein Ansatz zur Verbesserung der Gesundheitsversorgung?
ISBN 978-3-936863-12-3, 460 S., 41 Abb., 77 Tab., Geb. EUR 39,90

Band 15 *Patzak, M. (2009)*
Alternative Finanzierungsinstrumente für Krankenhäuser
ISBN 978-3-936863-14-7, 320 S., 340 Abb., 28 Tab., Geb. EUR 39,90

Band 16 *Heil, A., Schwandt, M., Schöffski, O. (2009)*
Darstellung ärztlicher Weiterbildungskosten im Krankenhaus
ISBN 978-3-936863-15-4, 156 S., 9 Abb., 8 Tab., Geb. EUR 24,90

Band 17 *Held, S., Bolte, C., Bierbaum, M., Schöffski, O. (2009)*
Impact of Big Pharma organizational structure on R&D productivity
ISBN 978-3-936863-16-1, 160 S., 22 Abb., 29 Tab., Geb. EUR 24,90

Band 18 *Lauerer, M., Emmert, M., Schöffski, O. (2011)*
Die Qualität des deutschen Gesundheitswesens im internationalen Vergleich
ISBN 978-3-936863-17-8, 204 S., 14 Abb., 27 Tab., Geb. EUR 24,90